# História oral
*Memória, tempo, identidades*

Coleção Leitura, escrita e oralidade

Lucilia de Almeida Neves Delgado

# História oral
*Memória, tempo, identidades*

2ª edição

autêntica

Copyright © 2006 Lucilia de Almeida Neves Delgado

CAPA
*Victor Bittow*
(sobre foto de André Bello, arquivo de família)

EDITORAÇÃO ELETRÔNICA
*Carolina Rocha*

REVISÃO
*Vera Simoni de Castro*

Revisado conforme o Novo Acordo Ortográfico.

Todos os direitos reservados pela Autêntica Editora. Nenhuma parte desta publicação poderá ser reproduzida, seja por meios mecânicos, eletrônicos, seja via cópia xerográfica, sem a autorização prévia da Editora.

**AUTÊNTICA EDITORA LTDA.**
Rua Aimorés, 981, 8º andar. Funcionários
30140-071. Belo Horizonte. MG
Tel.: (55 31) 3222 6819
Televendas: 0800 283 13 22
www.autenticaeditora.com.br

---

D352h | Delgado, Lucilia de Almeida Neves
História oral - memória, tempo, identidades / Lucilia de Almeida Neves Delgado. — 2 ed. — Belo Horizonte : Autêntica, 2010.
136 p. — (Leitura, escrita e oralidade)

ISBN 978-85-7526-194-1

1.Educação. 2.História oral. I.Título. II.Série.

CDU 37

---

Ficha catalográfica elaborada por Rinaldo de Moura Faria - CRB6-1006

*Foi. Nunca será de novo. Lembre.*
(Paul Auster – A Invenção da Solidão)


Quem constrói histórias, compartilha memórias.
Aos colegas e alunos da PUC Minas e da UFMG.

# SUMÁRIO

9 **Introdução**

13 **Primeira parte: História oral, memória, identidades**

15 *História e memória: metodologia da história oral*

33 *História oral, narrativas, tempo, identidades*

45 *Historia oral e conhecimento histórico: substratos de identidades*

55 *Dinâmicas da memória e da História: representações e multiculturalidade*

67 **Segunda parte: Tempos vividos e memória coletiva**

69 *A voz dos militantes: o ideal de solidariedade como fundamento da identidade comunista*

79 *A longa noite das atas secretas: cassação de deputados operários – Minas Gerais (1964-1998)*

97 *Politização do sagrado: padres franceses e autoritarismo*

107 *Intolerância política no Brasil: catolicismo, direitos humanos e direitos sociais (1964-1985)*

117 *Jorge Luís Borges e Pedro Nava – literatura e memória: interseções*

127 **Documentação oral: Entrevistas**

129 **Referências**

# Introdução

A relação da memória com a história tem sido objeto constante de meu interesse, desde que comecei a utilizar a metodologia de história oral em pesquisas individuais e coletivas na Universidade Federal de Minas Gerais (UFMG), a partir de 1983 e na PUC Minas, a partir de 1996.

Ao longo dos últimos anos, escrevi diferentes textos e artigos, que condensam minhas análises sobre o tema. Alguns dos textos são teóricos, outros metodológicos e muitos apresentam resultados das pesquisas realizadas.

O presente livro foi concebido como coletânea de alguns desses textos, em especial daqueles que destacam questões relativas aos procedimentos metodológicos em história oral e à relação História, memória e identidades coletivas e individuais.

A ideia nuclear apresentada pelos diferentes textos é a de que as identidades individuais e coletivas têm forte suporte na memória.

Na verdade, a memória é uma construção sobre o passado, atualizada e renovada no tempo presente. Nesse sentido, o conceito de tempo também mereceu atenção. A ideia principal de minhas análises sobre a dinâmica do tempo refere-se a seu caráter simultaneamente abstrato e concreto e às suas múltiplas e muitas vezes enredadas formas de manifestação na dinâmica da história. O tempo e seus ritmos, o tempo e as representações coletivas sobre seu processar relacionam-se aos movimentos históricos e à construção de interpretações sobre esses processos específicos.

As representações sobre o tempo também são construções concretas, pois referenciadas na realidade material. Assim, em conjunturas diferentes da história os homens constroem análises e representações específicas sobre o acontecido e sobre o vivido. Pois, apesar dos acontecimentos e processos históricos serem imutáveis, os historiadores, os sujeitos e as testemunhas da história constroem análises naturalmente influenciadas pelo tempo no qual estão inseridos. Não se trata de relativismo, mas sim de manifestações cognitivas inseridas na realidade do tempo presente de cada uma dessas pessoas.

Os textos escolhidos para integrarem a coletânea foram revistos e, em alguns casos, atualizados, sem prejuízo do conteúdo de sua primeira redação. Na verdade, as atualizações consistem em adequações de linguagem e inclusão de títulos e ideias apresentadas em livros e artigos publicados até 2005.

O livro encontra-se dividido em duas partes. A primeira compreende textos teóricos e metodológicos reunidos sob o título: "História Oral, memórias, identidades". A segunda parte, intitulada "Tempos Vividos e Memória Histórica", apresenta resultados parciais de pesquisa, com reprodução de narrativas e relatos de pessoas entrevistadas no seu decorrer.

A primeira parte começa com um artigo denominado "História e Memória: metodologia da história oral", de caráter mais pragmático sobre procedimentos de pesquisa que utilizam os recursos da história oral. Na verdade, pode ser definido como uma síntese dos passos necessários para definição de objetos de pesquisa, realização de depoimentos e entrevistas e tratamento e socialização dos relatos.

O segundo texto da primeira parte do livro, que recebeu o título de "História oral, narrativas, tempos, identidades", consiste em reflexões teóricas sobre relatos, temporalidades e dinâmicas constitutivas das identidades. Compreende análises referentes à dinâmica inter-relacional entre a memória narrada, o tempo vivido e o tempo lembrado pelos narradores. Acrescenta ainda a ideia de que os processos identitários são, por um lado, inatos à vida dos sujeitos e testemunhas da História, e, por outro, construídos na dinâmica do viver.

Já o texto intitulado "História oral e conhecimento histórico: substratos de identidades", refere-se às possibilidades de construção do conhecimento histórico mediante a utilização de fontes orais. Busca também analisar quais são os principais suportes das diferentes identidades sociais.

Finalmente, procurando relacionar a construção das representações com a multiculturalidade peculiar à vida do homem em organizações sociais complexas e diferenciadas entre si, o último texto da primeira parte da coletânea analisa as específicas dinâmicas constitutivas da memória e da História conquanto conhecimento. Com o título de "Dinâmicas da memória e da História: representações e multiculturalidade", objetiva trazer contribuições para o debate acadêmico sobre uma variável fundamental da vida em sociedade no mundo contemporâneo: a heterogeneidade.

A segunda parte da coletânea reúne cinco textos, todos resultados de pesquisas.

O primeiro refere-se a narrativas de militantes comunistas brasileiros, recolhidos por pesquisadores do Programa de História Oral da UFMG e enfatiza que nesses relatos o ideal de solidariedade se destaca como importante suporte de sua identidade partidária. Portanto, recebeu o título de "A Voz dos Militantes: o ideal de solidariedade como fundamento da identidade comunista".

O segundo também contém trechos de depoimentos prestados ao Programa de História Oral da UFMG. Analisa os procedimentos de cassação dos mandatos políticos de três deputados, de origem operária, pela Assembleia Legislativa do Estado de Minas Gerais, nos primeiros dias de abril de 1964. Baseia-se também em detalhada pesquisa documental. O processo de cassação dos deputados operários foi sumário e precedeu às primeiras cassações realizadas pelo regime militar. As atas secretas que registram o rito sumário a que foram submetidos os deputados sindicalistas só foram disponibilizadas para consulta trinta e quatro anos após o ocorrido. Portanto, o texto recebeu o seguinte título: "A Longa Noite das Atas Secretas – cassação de deputados operários (Minas Gerais – 1964-1998)".

O terceiro e o quarto textos desta segunda parte referem-se à relação de clérigos e leigos da Igreja católica, com o regime militar, no Brasil, nas décadas de 1960, 1970 e 1980. Seu enfoque principal relaciona-se à temática dos direitos humanos e dos direitos sociais e tem como suporte entrevistas realizadas por pesquisadores do Centro de Memória e Pesquisa Histórica da PUC Minas.

"Politização do Sagrado: padres franceses e autoritarismo" e "Intolerância Política no Brasil: catolicismo, direitos humanos e direitos sociais (1964-1985)" analisam questões relativas ao autoritarismo político e a luta por direitos humanos com base em diferentes narrativas e olhares de católicos sobre o período em foco.

O último texto da coletânea, "Jorge Luís Borges e Pedro Nava – Literatura e Memória: interseções", é o único que não se baseia na metodologia da história oral. Também não se referencia em depoimentos, relatos e entrevistas. Seu foco principal, todavia, é a memória. Sua abordagem relaciona memória e literatura, tomando como referência as obras completas de Jorge Luís Borges e o conjunto dos livros de memória de Pedro Nava.

Finalmente, não poderia deixar de me referir às instituições que contribuíram, de forma decisiva, para minha inserção em pesquisas que fazem dos depoimentos e entrevistas vozes da História. São elas: Centro de Estudos Mineiros da Universidade Federal de Minas Gerais – Programa de História Oral – UFMG, Conselho Nacional de Pesquisa – CNPq, Fundação de Amparo à Pesquisa de Minas Gerais – FAPEMIG, Centro de Memória e Pesquisa Histórica da PUC Minas, Fundo de Incentivo à Pesquisa da PUC Minas e Associação Brasileira de História Oral (ABHO).

Colegas da UFMG e da PUC têm sido companheiros de jornadas. Nossa convivência sempre se desdobrou em compartilhamento de objetivos e desenvolvimento de pesquisas. Juntos, temos vencido os inúmeros obstáculos comuns ao desenvolvimento da investigação acadêmica em um país ainda carente de investimentos na produção de conhecimentos, em especial nas áreas das Ciências Humanas e Sociais. Lígia Maria Leite Pereira, Michel Marie Le Ven, Maria Eliza Linhares Borges, Thaís Cougo Pimentel, Regina Helena Alves da Silva, Otávio Soares Dulci, Maria Auxiliadora Faria, Maria Celina Pinto Albano e Vera Alice Cardoso Silva, colegas da UFMG, viram nascer e florescer meu gosto por pesquisas que utilizam a metodologia de história oral.

Alberto Antoniazzi (*in memoriam*), Amauri Ferreira, Leonardo Lucas Pereira, Mário Cléber Martins Lanna Júnior, Mauro Passos, Solange Bicalho, Sandra Tosta e Yonne Grossi, têm compartilhado comigo, na PUC Minas, nos últimos anos, os desafios de construção do conhecimento baseados nas narrativas de diferentes sujeitos construtores da História.

A todos eles e aos alunos que orientei e que se integraram às nossas pesquisas, dedico a presente coletânea, que espero corresponda ao nosso empenho e à nossa visão sobre uma forma específica de produção do conhecimento histórico.

## Primeira parte

*História oral, memória, identidades*

# História e memória:
# metodologia da história oral

*Uma memória, involuntária, dependendo de acasos pessoais, não responde às necessidades objetivas da historiografia.*

(WILLI BOLLE)

Um grande desafio para a comunidade de historiadores, antropólogos e sociólogos que se propõe a reconstituir testemunhos e histórias de vida, utilizando a metodologia da história oral, consiste na definição do que seja a própria história oral.

Na verdade, nenhuma história, conquanto processo e construção da trajetória da humanidade ao longo dos tempos, é oral. A história da humanidade, em sua realização, constitui-se pela inter-relação de fatos, processos e dinâmicas que, através de movimentos dialéticos e da ação de sujeitos históricos, individuais ou coletivos, transformam as condições de vida do ser humano ou se empenham em mantê-las como estão.

Os movimentos da História são múltiplos e se traduzem por mudanças lentas ou abruptas, por conservação de ordens sociais, políticas e econômicas e também por reações às transformações. Na maior parte das vezes, esses processos, contraditórios entre si, acontecem simultaneamente e se integram a uma mesma dinâmica histórica. São diferentes lados de uma mesma moeda, ou faces plurais de um cristal lapidado. São os denominados conflitos da História, que o marxismo conceituou como luta de classes e que, em tempos contemporâneos, têm sido identificados como contradições intrínsecas à própria condição do homem como ser social.

A história oral é um procedimento metodológico que busca, pela construção de fontes e documentos, registrar, através de narrativas induzidas e estimuladas, testemunhos, versões e interpretações sobre a História em suas múltiplas dimensões: factuais, temporais, espaciais, conflituosas, consensuais. *Não é, portanto, um compartimento da história vivida, mas, sim, o registro de depoimentos sobre essa história vivida*. De acordo com Meihy (2005), é um procedimento premeditado de produção de conhecimento, que envolve o entrevistador, o entrevistado e a aparelhagem da gravação.

Move-se em terreno interdisciplinar, já que utiliza muitas vezes música, literatura, lembranças, fontes iconográficas, documentação escrita, entre outras, para estimular a memória. Também dialoga e/ou interage com a sociologia, a antropologia e a psicanálise, como suportes para construção de roteiros de entrevistas e para a condução do próprio depoimento. Finalmente, recorre à memória como fonte principal que a subsidia e alimenta as narrativas que constituirão o documento final, a fonte histórica produzida.

Portanto, a história oral é um procedimento, um meio, um caminho para produção do conhecimento histórico. Traz em si um duplo ensinamento: sobre a época enfocada pelo depoimento – o tempo passado, e sobre a época na qual o depoimento foi produzido – o tempo presente. Trata-se, portanto, de uma produção especializada de documentos e fontes, realizada com interferência do historiador e na qual se cruzam intersubjetividades.

O passado espelhado no presente reproduz, através de narrativas, a dinâmica da vida pessoal em conexão com processos coletivos. A reconstituição dessa dinâmica, pelo processo de recordação, que inclui, ênfases, lapsos, esquecimentos, omissões, contribui para a reconstituição do que passou segundo o olhar de cada depoente.

A temporalidade, ou seja, a relação entre múltiplos tempos, também é inerente ao documento produzido. Nele estão presentes o tempo passado pesquisado, os tempos percorridos pela trajetória de vida do entrevistado e o tempo presente que orienta e estimula tanto as perguntas do entrevistador que prepara o roteiro do depoimento como as respostas a essas indagações. Nesse sentido, de acordo com Bolli (2000), reportando-se a Walter Benjamin, elementos decisivos no processo mnemônico são a consciência biográfica e a história do presente.

A memória, principal fonte dos depoimentos orais, é um cabedal infinito, onde múltiplas variáveis – temporais, topográficas, individuais, coletivas – dialogam entre si, muitas vezes revelando lembranças, algumas vezes, de forma explícita, outras vezes de forma velada, chegando em alguns casos a ocultá-las pela camada protetora que o próprio ser humano cria ao supor, inconscientemente, que assim está se protegendo das dores, dos traumas e das emoções que marcaram sua vida.

No processar da memória estão presentes as dimensões do tempo individual (vida privada – roteiro biográfico) e do tempo coletivo (social, nacional, internacional). Os sinais exteriores são referências e estímulos para o afloramento de lembranças e recordações individuais que constituem o substrato do ato de rememorar, que se relaciona segundo Halbwachs (1990) com os quadros sociais da memória.

É comum, por exemplo, pessoas se referirem ao passado utilizando-se de expressões como "no tempo de Vargas", "à época dos corsos nos antigos carnavais", "quando o transporte de bondes foi extinto", "quando os estudantes faziam passeatas", "no tempo do militares", "quando chegaram os ciganos", "quando os ferroviários fizeram greve e se deitaram nos trilhos", "no tempo da bossa nova", "quando eclodiu a grande guerra", "no tempo do rádio", "quando a cidade era calma".

Também é usual que depoentes, estimulados pelas entrevistas, recorram a velhas relíquias ou a antigos guardados, encobertos pela pátina do tempo, como fotos, objetos, jornais, discos, cartas, poemas, entre outros recursos, que possam contribuir para tornar o ato de lembrar mais vivo. Os entrevistadores também podem incentivar com estímulos externos para que a memória flua com maior facilidade, ou mesmo seja ativada, já que é um processo vivo, atual, renovável e dinâmico. Constitui-se no diálogo do presente com o passado. Um diálogo vivo e enriquecido por estímulos que podem se fazer presentes no próprio decorrer do processo de gravação do depoimento oral.

História, tempo e memória são processos interligados. Todavia, o tempo da memória ultrapassa o tempo de vida individual e encontra-se com o tempo da História, visto que se nutre, por exemplo, de lembranças de família, músicas, filmes, tradições, histórias escutadas e registradas. A memória ativa é um recurso importante para transmissão de experiências consolidadas ao longo de diferentes temporalidades.

Pois, como afirma Paul Ricoeur:

> Uma vez que entendemos por tradições as coisas ditas no passado e transmitidas até nós por uma cadeia de interpretações, é preciso acrescentar uma dialética material dos conteúdos à dialética formal da distância temporal; o passado nos interroga e questiona antes que o interroguemos e o questionemos. (RICOEUR, 1997, p. 381)

É muito comum escutar pessoas referindo-se à saudade de um tempo no qual ainda nem viviam, mas que nos registros legados de geração para geração lhes foi apresentado como uma boa época, como um tempo de esperanças. Trata-se de imagens disseminadas e registradas pelo senso comum, por livros, por amigos, por familiares e, também, muitas vezes, pela própria história institucional.

No caso brasileiro, por exemplo, é usual referir-se ao período governamental de Juscelino Kubstichek na Presidência da República como "anos dourados". Uma fase de euforia desenvolvimentista, um tempo que, de acordo com Santos (1998), não devia terminar.

Outras vezes, a visão do passado não vivido, mas integrado à história de cada pessoa pela inserção na memória coletiva, identifica algumas épocas como sombrias, como fases de perdas e de obscurantismo. Um bom exemplo são os "anos de chumbo" referentes aos da ditadura militar no Brasil nas décadas de 1960 e 1970. Não foram vividos pela atual geração de jovens brasileiros, mas são por eles identificados como um tempo de sombras. Novamente, a memória social alimenta as imagens do passado, contribuindo para a construção de visões e representações sobre determinado período da História.

Mas a relação memória e tempo não vividos não se situa somente no terreno da vida pública. A saudade, ou então a execração de algum tempo que já passou, acontece também no terreno da vida privada. São lembranças disseminadas de geração a geração, por familiares e amigos, que, muitas vezes, ao qualificá-las segundo sua visão do que passou, influenciam ou mesmo determinam sua representação no presente.

Entre os muitos desafios da história oral, destacam-se, portanto, o da relação entre as múltiplas temporalidades, visto que, em uma entrevista ou depoimento, fala o jovem do passado, pela voz do adulto, ou do ancião do tempo presente. Adulto que traz em si memórias de suas experiências e também lembranças a ele repassadas, mas filtradas por ele mesmo, ao disseminá-las. Fala-se em um tempo sobre um outro tempo. Enfim, registram-se sentimentos, testemunhos, visões, interpretações em uma narrativa entrecortada pelas emoções do ontem, renovadas ou ressignificadas pelas emoções do hoje.

Portanto, a história oral é um procedimento integrado a uma metodologia que privilegia a realização de entrevistas e depoimentos com pessoas que participaram de processos históricos ou testemunharam acontecimentos no âmbito da vida privada ou coletiva. Objetiva a construção de fontes ou documentos que subsidiam pesquisas e/ou formam acervos de centros de documentação e de pesquisa.

Não é a História em si mesma, mas um dos possíveis registros sobre o que passou e sobre o que ficou como herança ou como memória.

## História oral e metodologia qualitativa

Uma característica fundamental da metodologia qualitativa é sua singularidade e a não compatibilidade com generalizações. A história oral inscreve-se entre os diferentes procedimentos do método qualitativo, principalmente nas áreas de conhecimento histórico, antropológico e sociológico. Situa-se no terreno da contrageneralização e contribui para relativizar conceitos e pressupostos que tendem a universalizar e a generalizar as experiências humanas.

Na verdade, os depoimentos recolhidos através do procedimento de constituição de fontes orais traduzem visões particulares de processos coletivos. Para

Paul Thompson (1992), a singularidade é profunda lição da história oral e de cada história de vida. Também considera que a história oral, ao dedicar-se a recolher depoimentos pessoais, que se referem a processos históricos e sociais, apresenta inúmeras potencialidades metodológicas e cognitivas, entre as quais destacamos as seguintes:

- revelar novos campos e temas para pesquisa;
- apresentar novas hipóteses e versões sobre processos já analisados e conhecidos;
- recuperar memórias locais, comunitárias, regionais, étnicas, de gênero, nacionais, entre outras, sob diferentes óticas e versões;
- possibilitar a construção de evidências via entrecruzamento de depoimentos;
- recuperar informações sobre acontecimentos e processos que não se encontram registrados em outros tipos de documento, ou mesmo que, estando registrados, não estão disponíveis para a comunidade de pesquisadores por diferentes razões;
- possibilitar a redefinição de cronologias históricas através de depoimentos que revelam novas óticas e diferentes interpretações em relação às predominantes sobre determinado assunto ou tema;
- contemplar o registro de visões de personagens ou testemunhas da história, nem sempre considerados pela denominada história oficial. Isto é, recolher depoimentos de anônimos, vencidos, membros de movimentos étnicos, integrantes de comunidades alternativas, entre outros;
- possibilitar o registro de versões alternativas às da história predominante, por meio de entrevistas com membros da própria elite e com pessoas vinculadas às instituições de poder;
- possibilitar a associação entre acontecimentos da vida pública e da vida privada, por meio das narrativas individuais[1];
- apresentar-se como alternativa ao caráter estático do documento escrito, que permanece o mesmo através do tempo.

As potencialidades da metodologia da história oral são identificadas pela bibliografia como mais abrangentes e numericamente mais expressivas do que as acima registradas; todavia não é objetivo do presente texto enumerá-las com exaustão. Selecionamos as consideradas mais significativas, tão somente para demonstrar a riqueza da metodologia.

Mas, se as potencialidades da história oral são inúmeras, seus limites também devem ser considerados, até com o cuidado sempre necessário à

---

[1] Sobre o assunto vide: MONTENEGRO, Antônio Torres. *História oral e memória. A cultura popular revisitada.* São Paulo Contexto: 2001.

adoção de procedimentos de pesquisa. Os desafios da história oral relacionam-se em grande parte a esses limites que são principalmente os seguintes:
- aplicabilidade do método somente às épocas contemporâneas, à história do tempo presente;
- predomínio da subjetividade, o que no entanto não deve ser considerado somente um problema, mas, sim, um desafio, tanto no que se refere à etapa de recolhimento do depoimento como no que se relaciona à fase de sua interpretação;
- possível influência, mesmo que involuntária, do transcritor da entrevista no conteúdo do documento escrito, oriundo do documento oral;
- influência da conjuntura sobre o documento produzido – o que possibilita alterações de visões sobre o mesmo fato ou processo, à medida que o tempo transcorre e as conjunturas se renovam;
- dificuldade de se registrar expressões de rosto e emoções no documento escrito decorrente da entrevista, que não foi gravada em vídeo ou DVD.

Os limites acima citados, especialmente a título de registrar a complexidade da metodologia analisada, não obscurecem ou desqualificam sua potencialidade e sua riqueza informativa e interpretativa, que, de forma usual, desafiam e estimulam os pesquisadores que se propõem a trabalhar com história oral. Mesmo porque, consideradas as dificuldades de se recolher, registrar, transcrever e socializar as narrativas provenientes dos depoimentos e entrevistas, o fato de a história oral possibilitar o registro da narrativa e dos sentimentos do homem comum – que pode, em decorrência, reconhecer-se como sujeito integrante do movimento da História – é por si mesmo um estímulo inquestionável, que tende a mobilizar pesquisadores. Pois, ouvir história de vida é também compartilhar o fazer da História e contribuir para interação entre a experiência pessoal e o fio intrincado da história coletiva.

## Tipos de entrevista

Usualmente os manuais, os livros e os artigos que se referem aos procedimentos relativos à história oral identificam dois tipos de entrevista como as mais utilizadas em pesquisas ou projetos de pesquisa que produzem fontes orais: *depoimentos de história de vida e entrevistas temáticas*[2].

Todavia, consideramos que uma terceira forma de entrevista tem se tornado comum em muitos programas e grupos de pesquisa. Em decorrência

---

[2] A tipologia de entrevistas apresentada por Meihy (2005) inclui história oral de vida história oral temática. Para o autor história de vida pode apresentar variações como, fragmentos narrativos de história de vida de outrem, história de vida de família e história de vida de tipos sociais (profissões).

da falta de registros já consagrados sobre sua tipologia, iremos identificá-la como *entrevista de trajetória de vida*.

O ponto comum que inscreve as referidas produções de documentos no campo da história oral encontra-se no fato de fazerem da memória e da narrativa elementos centrais para reconstituição de épocas e acontecimentos que tiveram importância para a vida de comunidades, instituições e movimentos aos quais os depoentes estiveram ou ainda estão vinculados. Em outras palavras, são documentos produzidos que têm no registro da lembrança e esquecimentos o principal suporte para reconstituição de versões, representações e interpretações sobre a História.

## *Histórias de vida: reconstrução da trajetória de sujeitos históricos*

Constitui-se por depoimentos aprofundados e, normalmente, mais prolongados, orientados por roteiros abertos, semiestruturados ou estruturados, que objetivam reconstituir, através do diálogo do entrevistador com o entrevistado, a trajetória de vida de determinado sujeito (anônimo ou público), desde a sua mais tenra infância até os dias presentes.

Normalmente, um depoimento de história de vida é prolongado e compõe-se de uma série de entrevistas, realizadas com periodicidade previamente combinada entre entrevistado e entrevistador. O processo pode se estender por longo período, ou então se concentrar em semanas. A definição do tempo de duração do depoimento depende de vários fatores, entre o quais destacamos:

- características do narrador (mais prolixo ou menos prolixo);
- disponibilidade de tempo do entrevistado e do entrevistador;
- condições de saúde e idade do entrevistado;
- condições emocionais do depoente;
- estágio de vida ou situação institucional do depoente (as pessoas que estão no exercício de cargos de direção, por exemplo, tendem a dispor de menor tempo para prestar depoimento e tendem também a contar com mais reserva suas experiências). Já os depoentes que estão aposentados tendem a se sentir mais à vontade para relatar sua vida e reviver suas emoções.

As histórias de vida podem estar vinculadas a um projeto de pesquisa que propõe recolher vários depoimentos ou podem ser exclusivamente biográficas, concentrando-se em um único depoente. Podemos, portanto, de acordo com a bibliografia especializada, identificar as histórias de vida como de três tipos:

- ***depoimento biográfico único*** – referente a um único personagem histórico, que constituirá a unidade totalizante da pesquisa. É comum que relatos desse tipo originem livros constituídos pelo conjunto do depoimento, acompanhado por fontes iconográficas e documentais escritas.
- ***pesquisa biográfica múltipla*** – trata-se de um conjunto de depoimentos de história de vida, vinculados a um projeto de pesquisa que se propõe, por exemplo, a recolher depoimentos de sujeitos históricos, anônimos ou não, que atuaram em um mesmo movimento social, político, religioso ou cultural.
- ***pesquisa biográfica complementar*** – refere-se a depoimentos, acoplados a um projeto de pesquisa que, não tendo na história oral sua fonte principal, visam complementar informações recolhidas em outras fontes, enriquecer a pesquisa e obter informações não contempladas em outros documentos.

As histórias de vida são fontes primorosas na reconstituição de ambientes, mentalidades de época, modos de vida e costumes de diferentes naturezas. Enfim, podem captar com detalhamento o que pode ser denominado como "substrato de um tempo".

## Entrevistas temáticas

São entrevistas que se referem a experiências ou processos específicos vividos ou testemunhados pelos entrevistados[3]. As entrevistas temáticas podem, por exemplo, constituir-se em desdobramentos dos depoimentos de história de vida, ou compor um elenco específico vinculado a um projeto de pesquisa, a uma dissertação de mestrado ou a uma tese de doutoramento.

No primeiro caso, a título de ilustração, um depoimento de história de vida de um líder do movimento sem terra pode indicar a necessidade de se realizar entrevistas com outros integrantes do mesmo grupo, a respeito de acontecimentos específicos que tenham marcado ou influenciado a história da organização ou mesmo redefinido seus rumos e estratégias.

O segundo caso refere-se a entrevistas que fornecerão elementos, informações, versões e interpretações sobre temas específicos abordados pelas

---

[3] Somente a título de exemplo, entre inúmeras publicações, sob a forma de artigos ou livros, que divulgam pesquisas que utilizaram entrevistas temáticas, destacamos as seguintes. JANOTTI, Maria de Lourdes. O Imaginário sobre Getúlio Vargas. In: História oral. n° 1. São Paulo: ABHO, 1998 e MAIA, Andréa Casanova; MENEZES, Willian Augusto. ANPUH: 20 anos. História oral do movimento docente da UFMG. Belo Horizonte: APUBH, 1998 e PEREIRA, Ligia Maria Leite. Considerações sobre a vida cotidiana e política na perspectiva da elite política mineira. In: MONTENEGRO, Antônio; FERNANDES, Tânia. História Oral – Um espaço plural. Recife: UFPE, 2001

pesquisas, dissertações ou teses. Por exemplo: movimentos culturais, cotidiano de vida em determinada cidade, produção literária de uma época, memórias sobre repressão política, movimento estudantil; vida cotidiana em uma fábrica; práticas de ensino, relações de produção, crenças e práticas religiosas, militância partidária; festas e diferentes formas de lazer; celebrações, movimentos sociais urbanos, movimentos de camponeses, relações de gênero, história de mulheres de determinada comunidade; relações institucionais, histórias de imigrantes, práticas esportivas, atividades profissionais, entre outros.

## Trajetórias de vida

As trajetórias de vida são depoimentos de história de vida mais sucintos e menos detalhados. A opção por essa modalidade de entrevista acontece quando o depoente dispõe de pouco tempo para a entrevista, mas o pesquisador considera importante para os objetivos da pesquisa recuperar sua trajetória de vida. Também é aplicável quando a situação é inversa. Isto é, quando o entrevistador, por razões de distância, viagem ou outros fatores, não dispõe de muitos dias para recolher um depoimento mais pormenorizado de história de vida.

As entrevistas que constituem essa modalidade não são usuais e ainda não foram adotadas como um procedimento consolidado pela maior parte da comunidade dos pesquisadores "oralistas". Todavia, é um recurso disponível a ser utilizado quando as condições assim o exigirem.

## A dinâmica de uma entrevista: etapas e procedimentos

A realização de entrevista de história oral pressupõe algumas qualidades que todo o profissional que se propõe a trabalhar com a metodologia deve cultivar. Em primeiro lugar, o bom entrevistador deve ser hábil tanto no primeiro momento de contato com seus entrevistados como no decorrer das entrevistas e depoimentos, buscando respeitar ao máximo as idiossincrasias e características da personalidade de cada depoente, além de considerar suas limitações estruturais, por exemplo: dificuldades em abordar determinados temas, idade, origem social. Além disso, deve respeitar também limitações conjunturais, como enfermidades, indisposições, dificuldades de mobilidade, compromissos profissionais, entre outras.

De acordo com Alberti (2004), no decorrer da entrevista, deve o entrevistador manter-se neutro, evitando demonstrar espanto, discordâncias, concordâncias. Acoplada à neutralidade, deve também cultivar a flexibilidade, procurando manter-se disponível para rever roteiros, acrescentar questões e evitar assuntos, quando a dinâmica das entrevistas assim o indicar.

O domínio do assunto pesquisado, do vocabulário e das terminologias a ele relacionados é condição indispensável ao bom andamento da entrevista, pois leva o depoente a adquirir maior confiança no entrevistador. O inverso pode causar danos irrecuperáveis à dinâmica do depoimento, uma vez que o entrevistado, ao perceber que o pesquisador não conhece o assunto, pode recolher-se, resguardar-se, tornar-se menos disponível para responder às perguntas formuladas e encurtar estrategicamente a narrativa, chegando, em casos extremos, a interromper o processo de depoimento.

O entrevistado deve também cultivar o hábito da escuta. Cabe a ele mais ouvir do que falar, já que a prerrogativa de contar histórias é do depoente, que foi para isso escolhido mediante critérios preestabelecidos pela própria dinâmica e interesses da pesquisa.

## *Etapas*

O estabelecimento de etapas de preparação, realização, encerramento, transcrição e socialização de um depoimento de história de vida ou de entrevistas temáticas é de grande importância para que o documento final produzido possa ter utilidade para os pesquisadores envolvidos no projeto de pesquisa, para a comunidade acadêmica e para diferentes grupos sociais interessados pela narrativa. Nesse sentido, algumas etapas na aplicação do procedimento podem melhor orientar o pesquisador ou a sua equipe.

### Definição do objeto de estudo ou do projeto de pesquisa

Trata-se da primeira, mas crucial etapa de um projeto de pesquisa que fará da "história oral" seu procedimento metodológico predominante ou um de seus recursos importantes.

Um objeto bem definido e problematizado pode ser considerado como início promissor de qualquer pesquisa. Cabe ao pesquisador e aos demais membros de sua equipe proceder a uma investigação detalhada sobre o assunto, tanto através de leitura prévia da bibliografia disponível relacionada ao tema quanto, se possível, de pesquisa documental variada (fotos, atas, manuscritos, jornais, músicas, filmes, boletins, *sites*, entre tantas outras possibilidades).

Nesse sentido, história oral e pesquisa documental, muitas vezes, caminham juntas e se auxiliam de forma mútua. É comum, por exemplo, selecionar-se um possível depoente através de informações consideradas relevantes, que foram obtidas no decorrer da pesquisa documental. É também usual que depoentes sugiram e indiquem aos pesquisadores possíveis fontes documentais a ser pesquisadas, bem como outras pessoas que possam ser entrevistadas. Por sua vez, os entrevistados também podem buscar em seus guardados documentos de grande utilidade para a pesquisa, como fotografias, livros antigos, recortes de jornais, poemas, fragmentos de discursos. Enfim, objetos da memória que Lowenthal tão bem define como "relíquias" (LOWENTHAL, 1998, p. 149).

Na verdade, a relação história oral e pesquisa documental é bidirecional e complementar. Ambas fornecem simultaneamente subsídios e informações à outra, tornando o processo de construção de fontes orais extremamente desafiante e rico.

### PREPARAÇÃO DA ENTREVISTA OU DEPOIMENTO

Como a preparação das entrevistas de história oral deve orientar-se por um projeto de pesquisa previamente elaborado, cabe ao pesquisador individual ou aos membros da equipe de pesquisa tomar algumas providências para que a preparação dos roteiros das entrevistas a serem realizadas possa contribuir para que os objetivos propostos pelo projeto venham a ser alcançados.

O primeiro passo para preparação de um depoimento de história oral consiste, portanto, na escolha de critérios para definição dos potenciais entrevistados. Tais critérios podem ser múltiplos, referindo-se, por exemplo, à participação ativa no processo histórico pesquisado ou à condição de não participante no processo, mas de ser importante testemunha dos acontecimentos.

Convém, com base na definição do perfil dos entrevistados e também da amostragem, começar as entrevistas pelas pessoas mais idosas, ou por aquelas de maior relevância no processo histórico e social pesquisado, de acordo com os objetivos definidos pelo projeto de pesquisa. Muitas vezes, a definição da amostragem acontece após o início da pesquisa documental e também da realização das primeiras entrevistas. Sobre essa possibilidade, Verena Alberti tem a seguinte opinião:

> Através da pesquisa, é possível, por exemplo, situar com bastante clareza a atuação de determinado entrevistado no contexto das preocupações acerca do tema e preparar-se para dele obter um depoimento de grande valor para a pesquisa, formulando perguntas enriquecedoras para o diálogo e reconhecendo respostas significativas. (ALBERTI, 1990, p. 45)

Pode-se, por exemplo, como uma das possibilidades de escolha dos entrevistados, associar o plano de amostragem à imagem de um tronco com múltiplos galhos. Ou seja, pessoas, chave são nucleares e servem como referência para seleção dos demais entrevistados.

O número de entrevistados, por sua vez, deve ser tal que acumule uma quantidade de material que permita comparações, a fim de se destacarem conteúdos divergentes e convergentes. Pode também contribuir para construção de evidências.

Como passo subsequente à escolha dos potenciais entrevistados, é aconselhável o estabelecimento de contatos preliminares com cada um deles. Os contatos podem ser realizados por etapas sequenciais, entrevistado por entrevistado. Ou de uma única vez, para que os futuros depoentes possam se motivar para a realização da entrevista.

Nesses contatos sugere-se apresentar ou explicar o projeto de pesquisa, demonstrar a qual instituição ou instituições está vinculado, destacar a relevância do depoimento de cada um dos sujeitos históricos selecionados, explicitar, com absoluta clareza, os objetivos da pesquisa e as possíveis formas de divulgação de seus resultados e dos depoimentos recolhidos (livros, artigos, coletâneas, teses, dissertações, apresentação em congressos acadêmicos, produção de documentários e armazenamento para futuras pesquisas, entre outras).

Há que se ter todo cuidado para não criar falsas expectativas nos depoentes, como a de que seu depoimento possa ser convertido em um livro de história de vida, especialmente se esse não for o objetivo do trabalho de pesquisa que está sendo realizado.

### Preparação de roteiros

Os roteiros das entrevistas devem conter a síntese das questões levantadas durante a pesquisa em fontes bibliográficas, em fontes primárias e nas informações recolhidas no primeiro contato com o futuro entrevistado. Constitui instrumento fundamental das atividades subsequentes, além de sistematizar informações, articulando-as com os problemas e questões que motivaram a pesquisa.

De acordo com orientações do Centro de Pesquisa e Documentação em História Contemporânea do Brasil (CPDOC), uma pesquisa em história oral sobre determinado tema deverá conter "um roteiro geral, uma quantidade de roteiros individuais correspondente ao número de entrevistados, e uma quantidade de roteiros parciais correspondente ao número de sessões com todos os entrevistados" (Alberti, 1990, p. 60).

Os roteiros, por sua vez, devem:

- ser preparados somente após o aceite do entrevistado;
- ser flexíveis e adequados à linguagem e ao vocabulário do entrevistado;
- considerar dados biográficos em maior grau para as histórias e trajetórias de vida e em menor para as entrevistas temáticas;
- cruzar informações do roteiro individual, referentes à biografia do entrevistado, com as do roteiro geral, referentes à história da comunidade, país, grupo étnico ou social que está sendo pesquisado;

- constituir-se como um mapa da memória, e não como uma camisa de força que possa impedir maior flexibilidade na condução das entrevistas e na construção da narrativa.

### Realização de entrevistas

A realização das entrevistas é considerada etapa crucial de qualquer pesquisa que trabalhe com a metodologia da história oral. Para Alberti "É na realização de entrevistas que se situa efetivamente o fazer da história oral; é para lá que convergem os investimentos iniciais de implantação do projeto de pesquisa, e é de lá que partem os esforços de tratamento do acervo" (ALBERTI, 1990, p. 45).

Recomenda-se que as entrevistas sejam realizadas, se possível, por dois pesquisadores, especialmente, quando da ausência de um técnico de gravação. O primeiro conduzirá o depoimento, formulando questões, e o segundo ficará responsável pelas atividades de apoio, tais como controle do gravador, registro de informações significativas no caderno de campo, anotações de questões e problemas que possam ser melhor esclarecidos ou aprofundados em um próximo encontro.

Algumas observações quanto à realização das entrevistas são necessárias, a saber:

- considerar que o ato de entrevistar é constituído por uma relação humana que pressupõe alteridade e respeito;
- buscar um diálogo sincero e consistente com o entrevistado;
- deixar fluir a entrevista, evitando questionários rígidos, que possam interromper a narrativa;
- respeitar os momentos de silêncio e esquecimento, pois são tão significativos quanto a narrativa que flui sem interrupções;
- considerar as possibilidades e os limites do entrevistado como determinantes para o ritmo da entrevista, inclusive, como já frisado, influenciando na duração de cada entrevista e no intervalo entre uma entrevista e outra;
- evitar perguntas longas e indiretas;
- evitar perguntas nas quais o entrevistador manifeste antecipadamente sua opinião sobre o assunto em pauta. Esse cuidado é fundamental como contribuição para a espontaneidade e melhor fidedignidade do depoimento;
- respeitar o temperamento e a personalidade do entrevistado, que muito influenciam as características de sua narrativa;

- formular perguntas que provoquem respostas;
- considerar que as lembranças são construções do presente sobre o passado. Em função dessa correlação de temporalidades, evitar perguntas presas a detalhes, como datas muito bem definidas. É preferível, quando necessário, referir-se a anos ou a meses. A melhor forma de contribuição para se ativar a memória do depoente é a utilização de recursos, tais como: correlações, apresentação de documentos, fotos, entre outros;
- evitar interromper uma narrativa, para que o entrevistado não perca o fio de sua recordação;
- levar material de apoio como jornais, fotos, objetos, plantas, mapas, entre outros, que possam contribuir para o melhor desenvolvimento da entrevista;
- realizar a entrevista em local no qual o entrevistado se sinta mais à vontade e confiante, buscando evitar, contudo, espaços de muita circulação de pessoas, ou pouco silenciosos;
- evitar a presença de terceiros, já que isso acaba por interferir na dinâmica da entrevista, seja inibindo o entrevistado, seja influenciando no conteúdo de sua narrativa e opiniões;
- tratar o entrevistado com respeito e cuidado absoluto, pois para muitas pessoas recordar alguns episódios de seu passado ou mesmo relembrar a trajetória de sua vida pode ser uma experiência dolorosa ou fortemente emotiva;
- nunca pressionar o informante, procurando manter um clima de relaxamento e de estímulo sutil ao ato de lembrar.

Deve-se, portanto, buscar criar uma relação de confiança, que possa contribuir para o sucesso da entrevista. É preciso saber silenciar, ouvir, estimular lembranças, repetir em voz alta perguntas que não foram entendidas, não falar ao mesmo tempo que o depoente e repetir perguntas delicadas e importantes de diferentes maneiras.[4]

## *Processamento e análise das entrevistas*

O processamento das entrevistas e também sua análise, usualmente, envolvem três etapas:

---

[4] Parte fundamental do texto acima escrito, relativo à condução de entrevista, foi baseado no livro: THOMPSON, Paul. op cit 1992.

## Transcrição das entrevistas:[5]

Será a primeira versão escrita dos depoimentos, buscando reproduzir, com fidelidade, tudo que foi dito, sem cortes nem acréscimos. As passagens pouco claras devem ser colocadas entre colchetes; dúvidas, silêncios e hesitações, identificadas por reticências; risos devem ser identificados com a palavra *riso* entre parênteses; o negrito deve ser utilizado para palavras e trechos de forte entonação. Deve-se também atentar para a pontuação, procurando-se assim não alterar o sentido das palavras e das frases.

Cabe também registrar que não existe consenso no seio da comunidade de pesquisadores quanto à orientação referente à transcrição dos relatos. A opção apresentada no presente texto é, em nosso entendimento, a mais consensual e apropriada ao procedimento de transcrição de depoimentos e entrevistas. Sobre o assunto, formulação bastante pragmática é apresentada por Núbia Braga (2000), em "Manual sobre história oral".

## Conferência de fidelidade

A escuta do depoimento deve ser realizada simultaneamente à leitura da transcrição para corrigir erros, conferir a pontuação, verificar a existência de omissões ou acréscimos indevidos, verificar falhas importantes que prejudiquem o conteúdo da narrativa, conferir nomes e outras informações relevantes para o depoimento colhido.

Quando necessário, é aconselhável recorrer ao depoente, para conferir informações, solucionar dúvidas, checar erros, entre outras providências.

## Análise das entrevistas

Como as entrevistas são, usualmente, integrantes de uma pesquisa individual ou coletiva, com objetivos, problemas, ou hipóteses previamente estabelecidos, sua análise deve estar vinculada às questões propostas pelo projeto que as motivou e orientou.

O maior desafio da análise das entrevistas consiste no fato de, valendo-se de depoimentos individuais e, por decorrência, singulares, construir evidências e estabelecer correlações e análises comparativas que possam contribuir para que os objetivos da pesquisa sejam alcançados da melhor forma possível.

---

[5] Alguns programas de história oral e centros de pesquisa, em função de dificuldades técnicas e metodológicas, bem como do alto custo da transcrição de entrevistas, têm usado o recurso de deixá-las à disposição da comunidade de pesquisadores somente sob a forma de "escuta".

Segundo Queiroz (1991), cabe, portanto, ao pesquisador ordenar os depoimentos, nem sempre narrados de forma linear, de modo a contribuir para esclarecer questões, alcançar metas e conferir hipóteses.

As seguintes etapas podem, em muito, contribuir para a interpretação das entrevistas:

- análise temática de seus conteúdos, destacando-se temas gerais;
- realização de nova análise das narrativas, de acordo com os temas destacados anteriormente, objetivando compreender com maior profundidade o conteúdo dos depoimentos, procurando inclusive entender sua especificidade;
- realizar o agrupamento de um conjunto de entrevistas no qual cada depoimento possa se constituir como unidade especial, e o conjunto deles possa ser cruzado, comparando-se as versões e as informações obtidas.

A análise dos depoimentos de história oral, ou seja, da fonte construída, pode se constituir em experiência ímpar e surpreendente, pela riqueza e diversidade das versões obtidas e muitas vezes pela possível sugestão de interpretações alternativas sobre determinado assunto, bem como pelo estímulo a novos temas a ser pesquisados.

Finalmente, cabe atentar que a incorporação das entrevistas em trabalhos acadêmicos, sua publicação, integral ou parcial, e sua integração a acervos abertos ao público, deve ser precedida de uma carta de cessão assinada pelo depoente.

## *Desafios da história oral: história do tempo presente*

São inúmeros e de diferentes naturezas os desafios que envolvem a utilização da metodologia da história oral. Compreendem questões pertinentes à interdisciplinaridade que ainda não foi assimilada de forma consensual pela comunidade acadêmica, muitas vezes presa à compartimentalização rígida do conhecimento.

Referem-se aos limites e perspectivas da pesquisa histórica do tempo presente. Tempo esse ainda envolto por emoções recentes, traduzidas de maneira muito marcante nas falas, nas omissões, nos silêncios e nos lapsos de cada depoente.

Também o fascínio que a memória traduzida em História provoca nos entrevistadores e nos pesquisadores deve ser considerado. Cuidados especiais precisam ser adotados para que o pesquisador não se torne refém do depoimento recolhido, em prejuízo de sua capacidade analítica.

Na produção de documentos orais, a presença do pesquisador é indispensável. Para Janotti (1993), é o historiador que comanda o processo de conhecimento, ao selecionar depoentes, recortar temas, reescrever falas e construir interpretações.

De acordo com Montenegro e Fernandes (2001), muitos depoimentos são extremamente fascinantes e instigantes, pelo que reconstroem de vivências, experiências e acontecimentos. Outros, pelo que revelam de inusitado e muitas vezes de inexplicável. Todavia, para o pesquisador, o depoimento que inúmeras vezes pode falar por si mesmo deve ser objeto de análise e interpretação. Só dessa forma o conhecimento crítico estará sendo produzido.

Ao término de um depoimento de história de vida, de entrevistas de trajetória de vida, ou de entrevistas temáticas é necessário apresentar ao entrevistado, para sua anuência, uma carta de cessão, que deve ser clara e fazer referência às diferentes possibilidades de socialização da (s) entrevista (s), destacando-se: produção de textos, para publicação, constituição de acervos, redação de dissertações ou teses, entre outras.

Os tipos de cartas de cessão dependem dos objetivos da pesquisa realizada. Pode se constituir em autorização ampla para a difusão do depoimento, ou em autorização mais limitada.

Cabe, contudo considerar, que a carta de cessão é documento fundamental, e imprescindível para a divulgação e uso da (s) entrevista (s).

Finalmente, cabe destacar a diversidade de formas que os relatos de história oral podem adquirir. Nesse campo, a relação memória e História marca sua presença sempre forte e avassaladora. A relação memória e História é também relação memória coletiva e memória individual, sempre entrelaçadas e quase sempre dotadas de poder: poder de esquecer, de lembrar, de omitir, de silenciar. Em decorrência, segundo Neves (2001), cada depoimento é único e fascinante em sua singularidade e potencialidade de revelar emoções e identidades.

Nesse sentido, o maior desafio da história oral, tomando como empréstimo a interpretação de Benjamin (1994) sobre a memória, é contribuir para que as lembranças continuem vivas e atualizadas, não se transformando em exaltação ou crítica pura e simples do que passou, mas, sim, em meio de vida, em procura permanente de escombros, que possam contribuir para estimular e reativar o diálogo do presente com o passado.

# História oral, narrativas, tempo, identidades[1]

## Tempo e História

> Datas
> Datas. Mas o que são datas? Datas são pontas de icebergs.
> O navegador que singra a imensidão do mar bendiz a presença dessas pontas emersas, sólidos geométricos, cubos e cilindros de gelo visíveis a olho nu e a grandes distâncias. Sem essas balizas naturais, que cintilam até sob a luz noturna das estrelas, como evitar que a nau se espedace de encontro às massas submersas que não se vêem?
> (Bosi, 1992, p. 19)

O tempo é elemento fundamental ao estudo da História. Para Ciro Cardoso, a noção de tempo "é capital, tanto científica, como existencialmente..." (Cardoso, 2005, p. 11). Elias, por sua vez, afirma que: "...o tempo não se deixa, ver, tocar, ouvir, saborear, nem respirar como um odor" (Elias, 1998, p. 7). Mas, apesar de aparentemente abstrato, o tempo é uma vivência concreta e se apresenta como categoria central da dinâmica da História.

O tempo é um movimento de múltiplas faces, características e ritmos, que, inserido à vida humana, implica durações, rupturas, convenções, representações coletivas, simultaneidades, continuidades, descontinuidades e sensações (a demora, a lentidão, a rapidez). É um processo em eterno curso e em permanente devir. Orienta perspectivas e visões sobre o passado, avaliações sobre o presente e projeções sobre o futuro.

Assim sendo, o olhar do homem no tempo e através do tempo traz em si a marca da historicidade. São os homens que constroem sua visão e representação

---

[1] O presente ensaio é uma adaptação da conferência de abertura do Congresso Nacional de História Oral (ABHO), realizado em SãoPaulo/USP, em 2002.

das diferentes temporalidades e acontecimentos que marcaram sua própria história. As análises sobre o passado estão sempre influenciadas pela marca da temporalidade. Ao se interpretar a história vivida no processo de construção da história conhecimento, os historiadores são influenciados pelas representações e demandas do tempo em que vivem e, a partir dessas representações e demandas, voltam seus olhos para o vivido, reinterpretando-o sem, no entanto, o modificar.

Tempo, memória, espaço e História caminham juntos. Inúmeras vezes, através de uma relação tensa de busca de apropriação e reconstrução da memória pela história. A relação tencionada acontece, por exemplo, quando se recompõem lembranças, ou se realizam pesquisas sobre guerras, vida cotidiana, movimentos étnicos, atividades culturais, conflitos ideológicos, embates políticos, lutas pelo poder. Sem qualquer poder de alteração do que passou, o tempo, entretanto, atua modificando ou reafirmando o significado do que foi vivido e a representação individual ou coletiva sobre passado. Sem qualquer previsibilidade do que virá a ser, o tempo, todavia, projeta utopias e desenha com as cores do presente, tonalizadas pelas cores do passado, as possibilidades do futuro almejado.

Ao se dedicar à análise do passado, o estudioso da História vai ao encontro de outro tempo, diferente daquele no qual está integrado. Nessa viagem realiza-se um amálgama peculiar caracterizado pelo encontro de singularidades temporais. Trata-se do encontro da História já vivida com a história pesquisada, estudada, analisada, enfim, narrada.

A especificidade da História em relação às demais Ciências Humanas e Sociais situa-se no fato de aquela estudar movimentos específicos, únicos em sua manifestação concreta. Tempo e o espaço são essenciais à definição da especificidade na perspectiva da História. Analisam-se realidades espaciais específicas relacionadas a conjunturas temporais peculiares. Analisa-se um tempo ou outro tempo. Em decorrência, para o historiador, o estabelecimento de datas e a escolha de cortes cronológicos são tão fundamentais e significativos quanto a definição do tema ou objeto a ser pesquisado.

Na História a dimensão da temporalidade é de tamanha relevância que o próprio tempo é, usualmente, definidor das questões relacionadas às temáticas da pesquisa, uma vez que os interesses por objetos de pesquisa também se alteram com o decorrer do tempo.

Cronologia e calendário, apesar de sua natureza convencional, são instrumentos essenciais ao ofício do historiador. A sucessão irreversível dos meses, anos e séculos constitui-se como um dos elementos referenciais do movimento da História. Representam não somente, de forma simbólica, a permanência e a ruptura peculiares aos processos sociais inerentes à vida da humanidade, como servem de orientação para o ser humano localizar-se na dinâmica temporal a qual, de forma inexorável, se encontra integrado.

O estudo do nacionalismo, por exemplo, é marcado por enfoques diferenciados ao referir-se a experiências de luta por emancipação nacional pelos países de passado colonial no século XX, a experiências totalitárias como a do Nacional Socialismo, à expansão de governos socialistas nesse mesmo século ou ao se concentrar em processos históricos peculiares ao século XIX, como os movimentos tardios de unificação nacional.

O mesmo se pode afirmar sobre estudos históricos que se referem a gênero, vida privada, movimentos sociais, condições de trabalho, manifestações políticas, experiências de vida comunitária, religiosidade, entre outros. A escolha do tema está integrada, concomitantemente, à definição espacial, aos traçados topográficos e à de temporalidade, uma vez que são especiais e únicas as realizações humanas em locais específicos através de uma dinâmica temporal diacrônica ou sincrônica.

Além dessas questões inerentes à categoria tempo e espaço, outras a ela relacionadas contribuem para que sua conceituação alcance grau de complexidade ímpar. Ou seja, na dinâmica da temporalidade, o que é específico é também múltiplo. Em outras palavras, se o tempo confere singularidade a cada experiência concreta da vida humana, também a define como vivência da pluralidade, já que, em cada movimento da história, entrecruzam-se tempos múltiplos, que, acoplados à experiência singular/espacial, lhe conferem originalidade e substância.

Dessa forma, na história de uma comunidade estudantil universitária de um determinado país entrecruzam-se temporalidades diversas: a da vida universitária propriamente dita, a da cidade na qual a universidade está inserida, a do país a qual está integrada, a do movimento estudantil em si mesmo, com suas heterogêneas vivências e a da vida dos estudantes, sujeitos principais desse processo específico.

"Cada tempo tem seu substrato e cada substrato temporal inclui em si singularidade e multiplicidade" (NEVES, 1995, p. 1). O substrato da marca de um tempo é definido pelas ações humanas e pelos valores e imaginário que conformam esse tempo. Portanto, ao buscar identificar, analisar e interpretar os valores e as ações humanas de outro tempo, o historiador e demais profissionais que elegem a História como área de conhecimento empreendem um movimento através do qual, como já assinalado, se relacionam a diferentes temporalidades. Tal movimento próprio ao estudo da inter-relação de tempos e não somente da simultaneidade social constitui característica primordial do ofício de construção do saber histórico.

A complexidade integrante à noção de tempo refere-se às temporalidades múltiplas que se interconectam, uma vez que as experiências vividas e a

História em transformação são conformadas por processos e acontecimentos. A História como manifestação do fazer coletivo incorpora vivências individuais e, por decorrência, no mínimo duas dimensões: temporal coletiva e temporal individual. Dimensões que, acopladas, conformam experiências únicas, através de uma dinâmica que reconstrói o passado ao tecer sua representação no presente, plasmando em um único enredo a trama das vivências coletivas.

Le Goff afirma que:

> A contradição mais flagrante da História é sem dúvida o fato de seu objeto ser singular, um acontecimento, uma série de acontecimentos, de personagens que só existem uma vez, enquanto que seu objetivo, como o de todas as ciências, é atingir o universal, o geral, o regular. (LE GOFF, 1984, p. 169)

Tempo e acontecimentos relacionados entre si constituem a sucessividade, que é um dos estofos da História. Tempos diversos são identificados pelos elementos substantivos que os fizeram diferentes entre si. A busca do significado de um tempo tem na memória e na própria História suportes básicos. Reconhecer a essência de um tempo é encontrar valores, culturas, modos de vida, representações, hábitos, enfim uma gama de variáveis que, em sua pluralidade, constituem a vida das comunidades humanas.

Em outras palavras, alguns períodos da história da humanidade foram marcados por forte religiosidade, outros por profundo humanismo, alguns por arrojada concepção social e tantos por violência e ceticismo. A singularidade dessas experiências constitui o substrato da marca de um tempo. Substrato muitas vezes reafirmado pela memória e em outras por ela sublimado. Cabe aos produtores do conhecimento histórico, mesmo reconhecendo sua amplitude, reconstruí-lo, narrá-lo e interpretá-lo.

Pois, como analisa Lowenthal (1998), conhecer o passado é uma façanha tão extraordinária quanto alcançar o infinito ou contar estrelas, já que em sua amplitude, mesmo quando bem documentado, ele tende a se tornar fugidio e amplo em sua extraordinária dimensão e variedade de situações. O passado apresenta-se como vidro estilhaçado de um vitral antes composto por inúmeras cores e partes. Buscar recompô-lo em sua integridade é tarefa impossível. Buscar compreendê-lo através da análise dos fragmentos, resíduos, objetos biográficos e diferentes tipos de documentação e fontes é desafio possível de ser enfrentado.

À História e à memória compete empreender tal tarefa. Sua contribuição maior é a de buscar evitar que o ser humano perca referências fundamentais à construção das identidades coletivas, que, mesmo sendo identidades sempre *em curso*, como afirma Boaventura Santos (1994), são esteios fundamentais do autoreconhecimento do homem como sujeito de sua história. De uma História, que segundo Valéry, possui propriedades conhecidas que:

> Fazem sonhar, embriagam os povos, engendram neles falsas lembranças, exageram seus reflexos, conservam suas velhas feridas, atormentam-nos no seu repouso, conduzem-nos ao delírio de grandezas ou ao da perseguição, tornam as nações amargas, soberbas, vãs, insuportáveis. (Valéry, 1960, p. 935)

Tempo e espaço têm na memória sua salvação. Ambos, de acordo com D'Aléssio (1998), confundem-se no resgate das lembranças. Ambos são esteios das identidades. São suportes do ser no mundo. São referenciais que tornam os homens sujeitos de seu tempo. Para a autora, há sempre um entrelaçamento entre espaço e memória. Para reforçar sua ideia, reporta-se a Poulet, que afirma:

> Graças à memória, o tempo não está perdido, e se não está perdido, também o espaço não está. Ao lado do tempo reencontrado está o espaço reencontrado ou para ser mais preciso, está um espaço, enfim reencontrado, um espaço que se encontra e se descobre em razão do movimento desencadeado pela lembrança. (Poulet, 1992, p. 54-55)

Mas, se o espaço se transforma e as referências espaciais se perdem na dinâmica incessante do tempo, os homens perdem seus elos, sua base identitária e a substância de sua história.

> [...] a angústia vem com mais freqüência: a angústia de ver a mobilidade dos lugares acelerar ainda mais a mobilidade do nosso ser, já tão assustadora por si mesma. Pois como não perder a fé na vida, quando se percebe que é ilusória a única fixidez em que se acreditava: a fixidez dos lugares, dos objetos ali situados? A mobilidade dos lugares rouba nosso último recurso. (Poulet, 1992, p. 11)

Enfim, os homens como sujeitos da História e de sua temporalidade podem produzir acontecimentos e mudanças, ou impedi-los de se concretizarem. Podem construir referências ou destruí-las. Podem reafirmar o poder, ou contestá-lo, podem tolher a liberdade do ser ou reafirmá-la.

## *Memória: significados e relações*

> Toda consciência do passado está fundada na memória. Através das lembranças recuperamos consciência dos acontecimentos anteriores, distinguimos ontem de hoje, e confirmamos que já vivemos um passado. (David Lowenthal, 1998, p. 75)

Júlio Pimentel Pinto afirma que "A memória é esse lugar de refúgio, meio história, meio ficção, universo marginal que permite a manifestação continuamente atualizada do passado" (PINTO, 1998, p. 307). Na verdade, imbuída de vastas possibilidades, a memória torna-se infinitamente rica em suas manifestações, que podem ser voluntárias, induzidas ou involuntárias. Todavia, seja como representação deliberada do passado, seja como ato de relembrar espontâneo, a memória possibilita voar, viajar através do tempo.

Portanto, tal como apreender a amplidão do passado é um desafio para o ser humano, ativar a memória também o é, uma vez que a memória, além de incomensurável, é mutante e plena de significados de vida, que algumas vezes se confirmam e usualmente se renovam.

São inúmeras as concepções de memória. Para Marilena Chauí, "a memória é uma evocação do passado. É a capacidade humana de reter e guardar o tempo que se foi, salvando-o da perda total" (CHAUÍ, 1995, p. 125). Tempo e memória, portanto, constituem-se em elementos de um único processo, são pontes de ligação, elos de corrente, que integram as múltiplas extensões da própria temporalidade em movimento. A memória, por sua vez, como forma de conhecimento e como experiência, é um caminho possível para que sujeitos percorram os tempos de sua vida. Para Bobbio, essa possibilidade é tão significativa que, ao refletir sobre o ato de rememorar, constata:

> O relembrar é uma atividade mental que não exercitamos com freqüência por que é desgastante ou embaraçosa. Mas é uma atividade salutar. Na rememoração reencontramos a nós mesmos e a nossa identidade, não obstante muitos anos transcorridos, os mil fatos vividos [...] Se o futuro se abre para a imaginação, mas não nos pertence mais, o mundo passado é aquele no qual, recorrendo a nossas lembranças, podemos buscar refúgio dentro de nós mesmos, debruçar-nos sobre nós mesmos e nele reconstruir nossa identidade. (BOBBIO, 1997, p. 30-31)

A memória é base construtora de identidades e solidificadora de consciências individuais e coletivas. É elemento constitutivo do autorreconhecimento como pessoa e/ou como membro de uma comunidade pública, como uma nação, ou privada, como uma família.

A memória é inseparável da vivência da temporalidade, do fluir do tempo e do entrecruzamento de tempos múltiplos.

A memória atualiza o tempo passado, tornando-o tempo vivo e pleno de significados no presente.

Os conceitos e significados da memória são vários, já que a memória não se reduz ao ato de recordar. Revelam os fundamentos da existência, fazendo com que a experiência existencial, através da narrativa, integre-se ao cotidiano, fornecendo-lhe significado e evitando, dessa forma, de acordo com Todorov (1999), que a humanidade perca raízes, lastros e identidades.

Para Marieta Ferreira, a *memória* "é construção do passado pautada por emoções e vivências. É flexível e os eventos são lembrados à luz da experiência subseqüente e das necessidades do presente" (FERREIRA, 2000, p. 111.) Já Catroga (2001) atenta para a relevante questão referente à construção seletiva e tensa, no tempo presente dos processos, peculiares à memória, que englobam lembrança e esquecimento.

Dessa forma, o conceito de memória não é homogêneo e conforma-se por múltiplos significados, entre os quais se destacam:

- ordenação e releitura de vestígios (espontânea ou induzida), relacionada a comportamentos, mentalidades, valores, experiências, tradições;
- retenção de elementos inerentes a conhecimentos adquiridos;
- estabelecimento de nexos entre o presente e as experiências vividas;
- evocação do passado, através de lembranças;
- afirmação de identidades através do reconhecimento da pluralidade e da alteridade, que conformam a vida em fluxo contínuo;
- atualização do passado no eterno presente;
- retenção e manifestação, através do ato de recordações vagas, telescópicas, profundas, transparentes, autocensuradas, registradas, esquecidas, selecionadas;
- seleção e tensão entre o lembrar e o esquecer;
- seleção e tensão entre o narrar e o silenciar;
- evocação de utopias, que libertam o homem, fazendo do passado suporte para reconstrução do próprio presente e para construção do futuro;
- manifestação de identidades – não unívocas, mas plurais, múltiplas e sempre atualizadas;
- reconhecimento, ou mesmo superação, de traumas marcados pela não identificação anterior de raízes;
- reconhecimento de espaços perdidos ou reencontrados;
- reflexão sobre a experiência individual de vida, relacionando-a às experiências coletivas, ou seja, aos conteúdos históricos sociais.

Significados tantos e tão potencializadores, que confluem às dimensões superiores da vida: humanista em sua essência; dialética em sua propensão transformadora; dilacerada, múltipla e plural, em sua sociabilidade.

A memória contém incomensuráveis potencialidades, destacando-se o fato de trazer consigo a forte marca dos elementos e mitos fundadores, além dos elos que conformam as identidades e as relações de poder. São as recordações – em suas dimensões mais profundas – que conformam as heranças e acumulam tradições, experiências e detritos.

Para Margarida Neves, o conceito de memória é abrangente e polifônico em todas as suas potencialidades:

> O conceito de memória é crucial porque na memória se cruzam passado, presente e futuro; temporalidades e espacilidades; monumentalização e documentação; dimensões materiais e simbólicas; identidades e projetos. É crucial porque na memória se entrecruzam a lembrança e o esquecimento; o pessoal e o coletivo; o individuo e a sociedade, o público e o privado; o sagrado e o profano. Crucial porque na memória se entrelaçam registro e invenção; fidelidade e mobilidade; dado e construção; história e ficção; revelação e ocultação. (NEVES, 1998, p. 218)

Entre memória e História, existe uma clara distinção que se contrapõe ao senso comum que "insiste em sua indiferença (como no slogan, "um país sem memória é um país sem história)" (BRANDÃO, 2001, p. 3).

Todavia, não há oposição, mas tão somente diferenças entre ambas. O que as aproxima são as construções das identidades e o registro das alteridades, que têm o passado como suporte e a potencialidade visionária do porvir e do poder como possíveis objetivos. O que as distingue são sua natureza e estratégias.

A memória, mais relacionada à imaginação do que a História, define relevância a tudo que evoca o que passou, garantindo sua permanência reatualizada, ou mesmo ressignificada no presente. A memória encontra-se, portanto, de acordo com Nora (1984), em múltiplos lugares – os lugares da memória.

Materializa-se no esforço das coletividades para não se perderem no esquecimento e no eterno presente. São os homens memoriosos, os narradores, reportando-nos a Borges (2001) em seu poema "Curso das Lembranças", que fazem dos romances, dos poemas e das biografias lugares da memória. São os profissionais da história, os museólogos, os arquivistas responsáveis pela preservação de vestígios e fragmentos do que passou, que fazem dos museus, dos arquivos, centros de documentação, entre outros lugares da História.

Os acontecimentos da vida em comunidade, e mesmo das experiências mais solitárias da vida humana, são sinais exteriores, são estímulos para o afloramento de lembranças, que constituem o estofo do tempo da memória: individual, local, comunitária, regional, nacional ou mesmo internacional.

Na dinâmica do relembrar, estimulado por sinais exteriores, o homem memorioso reconstitui referências concretas, que se reportam a acontecimentos e a processos relativos ao âmbito da vida pública, ou ao âmbito da vida privada.

A memória, em sua extensa potencialidade, ultrapassa até o tempo de vida individual. Por meio de relatos de experiências familiares, de crônicas que registraram o cotidiano, de tradições, de histórias contadas através de gerações e de inúmeras formas de narrativas, constrói-se a memória de um tempo que antecedeu ao da vida de uma pessoa. Ultrapassa-se o tempo presente, e o homem mergulha no seu passado ancestral. Nessa dinâmica, memórias individuais e memórias coletivas encontram-se, fundem-se e se constituem como possíveis fontes para a produção do conhecimento histórico.

## História e memória: representações do passado em permanente mobilidade

Para Marc Bloch, a "História é a ciência dos homens no tempo" (BLOCH, 1957, p. 26). Mas não só a História como dinâmica inscreve-se no tempo. As concepções de História, que são polissêmicas, também estão a ele relacionadas e carregam suas marcas, suas nuanças.

Na Grécia, a História traduziu-se por uma concepção reflexiva e metodológica. Em Roma destacou-se por seu caráter utilitário, patriótico e moral. Na Idade Média retomou uma perspectiva filosófica, abstrata e, de certa forma, transcendental. Com o Renascimento explodiu em humanismo e antropocentrismo seculares. No período do iluminismo foi reconhecida como fonte de conhecimento, afirmativo da razão e contraposto à tradição. O positivismo buscou transformá-la em área específica de conhecimento, neutra, descritiva e com fronteiras bem definidas. O marxismo afirmou sua dinâmica através de relação dialética e estrutural entre a vida material e a vida social. A Escola dos Annales rompeu fronteiras, adotou a interdisciplinaridade, renovou metodologias e temáticas, além de incorporar uma nova forma de narrativa, à qual se acopla a reflexão.

A História conhecimento, em sua expressão policromática, portanto, é:

- produção intelectual do saber;
- práxis interpretativa da realidade;
- reflexão sobre si mesma;
- área de conhecimento sujeita a verificação, através de metodologias, pesquisa documental, construção de evidências;
- espaço institucional do saber;
- produto social, caracterizado pela crítica sobre si mesmo;
- conjunto organizado de produção de memórias;
- narrativas que se contrapõem ao efêmero.

Para alguns historiadores, entre os quais se destaca Nora (1994), no coração da História trabalha um criticismo destruidor da memória espontânea. Mas, na verdade, a relação da História com a memória é bem mais complexa e envolve, concomitantemente, apropriação, diálogo, destruição e contribuição.

Tanto a História como a memória, apesar de distintas, têm substância comum: são antídotos do esquecimento. São fontes de imortalidade. Em decorrência, como afirma Le Goff (1990), são também espaços de poder.

Para os que identificam a História como destruidora da memória, os seguintes argumentos sustentam sua convicção:
- a tradição histórica é exercício regulador da memória;
- a História altera a paisagem da memória espontânea, transformando-a em história institucional;
- o peso social da História enquadra a memória;
- a História científica contrapõe-se à espontaneidade e à subjetividade da memória;
- a História é espaço de poder que também produz memórias, mas memórias dirigidas.

Em contrapartida, os que identificam a História como alimento da memória, e vice-versa, concluem que:
- a História enriquece as representações possíveis da memória coletiva;
- a História fornece símbolos e conceitos para que a sociedade pense sobre si mesma e sobre sua relação com o passado;
- ao oferecer instrumentos para preservação da memória social, a História contribui para sua recuperação e difusão;
- a História, através da narrativa, fertiliza a memória, contribuindo para reativação das lembranças.

Considerando esse elenco de argumentos, podemos afirmar que, de fato, não há oposição, mas, sim, alteridade entre memória e História, e a construção da identidade e a representação do passado as aproximam. Portanto, não é sem razão que Guarinello constata "A oposição entre memória e História é em grande parte ao menos falsa e oculta uma outra oposição, ao meu ver igualmente inexata, entre cultura erudita e cultura popular" (GUARINELLO, 1994, p. 192).

## *Sujeito, narrativa e História: o olhar da memória*

> Trata-se de imaginar a narrativa como esta linha que caminha para frente, mas que é capaz de aceitar reviravolta e interrupções. Uma linha que pode se desdobrar em três, quatro, dez, quadros. Quadros com um desenvolvimento relativamente autônomo. Quadros que podem parar, recuar em relação a linha

fundamental, e que se relacionam entre si, formando uma espécie de teia, capaz de enredar a narrativa. (ARAÚJO, 1998, p. 244)

As narrativas, tais quais os lugares da memória, são instrumentos importantes de preservação e transmissão de heranças identitárias e tradições. São, de acordo com Costa e Botelho (2001), modos de traduzir o social.

Narrativas sob a forma de registros orais ou escritos são caracterizadas pelo movimento peculiar à arte de contar, de traduzir em palavras os registros da memória e da consciência da memória no tempo. São importantes como estilo de transmissão, de geração para geração, das experiências mais simples da vida cotidiana e dos grandes eventos que marcaram a História da humanidade. São suportes das identidades coletivas e do reconhecimento do homem como ser no mundo.

Têm natureza dinâmica e, como gênero específico do discurso, integram a cultura de diferentes comunidades. São peculiares, incorporam dimensões materiais, sociais, simbólicas e imaginárias. Plenas de dimensão temporal, têm na experiência sua principal fonte, "pois ao narrar as pessoas estão sempre fazendo referências ao passado e projetando imagens, numa relação imbricada com a consciência de si mesmas, ou daquilo que elas próprias aspiram ser na realidade social" (KHOURY, 2000, p. 131).

As narrativas têm a potencialidade de fazer viajar o ouvinte através da viagem narrada. Como fontes para construção do conhecimento histórico, seu potencial é inesgotável, pois também, como afirma Benjamin, "incorpora as coisas narradas à experiência dos seus ouvintes" (BENJAMIN, 1994, p. 98). Em outras palavras, possibilitam: "Pontuar entre o momento da fala e o eternizar da escrita, desvãos que vazam no tempo o sentido da existência" (GROSSI; FERREIRA, 2001, p. 26).

No tempo presente, no mundo marcado pela cultura virtual e pela velocidade muitas vezes descartável das informações, tendem a desaparecer os narradores espontâneos, aqueles que fazem das lembranças, convertidas em casos, lastros de pertencimento e sociabilidade. Nessa dinâmica de velocidade incontida, desenfreada, perdem-se as referências, diluem-se os substratos da vida, reduzem-se as possibilidades de construção do saber. Nesse sentido, Beatriz Sarlo afirma que: "O presente ameaçado pelo desgaste da aceleração, converte-se enquanto transcorre em matéria da memória." E também que há uma "coincidência entre a aceleração do tempo e a vocação memorialista. A aceleração produz, exatamente, um vazio de passado que as operações da memória tentam compensar" (SARLO, 2005, p. 95-96).

A comunidade acadêmica, preocupada com a transmissão das heranças do passado que possam servir como esteios para o futuro, tem buscado criar alternativas para que o registro da fala de narradores, anônimos ou não, possa funcionar como um dos elos entre o que passou e o que ficou.

Possa se transformar no olhar do tempo presente sobre a experiência do tempo ido, mas não mais perdido.

A narrativa contém em si força ímpar, visto ser também instrumento de retenção do passado e, por consequência, suporte do poder do olhar e das vozes da memória.

Os melhores narradores são aqueles que deixam fluir as palavras na tessitura de um enredo que inclui lembranças, registros, observações, silêncios, análises, emoções, reflexões, testemunhos. São eles sujeitos de visão única, singular, porém integrada às referências sociais da memória e da complexa trama da vida.

A história oral é uma metodologia primorosa voltada à produção de narrativas como fontes do conhecimento, mas principalmente do saber. Dessa forma: "A razão narrativa desemboca no saber contar um fato real ou imaginário, despertando no ouvinte o desejo de significar experiências vividas, que não retornam mais" (GROSSI; FERREIRA, 2001, p. 30).

Por ser uma experiência através da qual se compartilha o registro das lembranças, a narrativa constitui-se em processo compartilhado, que inclui em si as seguintes dimensões: estímulo ao narrar, ato de contar e relembrar e disponibilidade para escutar. Fala, escuta e troca de olhares compõem a dinâmica desse processo único e essencial à vida humana, já que não se vive em plenitude sem a possibilidade de escutar, de contar histórias e de se apreender sob a forma de conhecimento, ou melhor, de sabedoria, o conteúdo narrado.

As narrativas produzidas pela história oral incluem-se entre as narrativas históricas, que se distinguem das narrativas épicas, que são lendárias, atemporais. Ou seja, as narrativas históricas referem-se a "...(um tempo pesquisável e pesquisado), com referências cronológicas passíveis de serem encontradas, que trata do tempo mais recente do homem" (GABNEBIN, 1997, p. 19).

As narrativas são traduções dos registros das experiências retidas, contêm a força da tradição e muitas vezes relatam o poder das transformações. História e narrativa, tal qual História e memória, alimentam-se.

Narrativa, sujeitos, memórias, histórias e identidades. É a humanidade em movimento. São olhares que permeiam tempos heterogêneos. É a História em construção. São memórias que falam.

# História oral e conhecimento histórico: substratos de identidades

> *A identidade pressupõe um elo com a história passada e com a memória do grupo.*
>
> (LOIVA OTERO FÉLIX)

Para Eduardo Galeano (1991), a memória é o melhor porto de partida para navegantes com desejo de vento e profundidade. De fato, quando na busca de construção de identidades, os sujeitos individuais e sociais mergulham na profundidade de suas histórias e processam "longa viagem" através de uma dinâmica que pode apresentar um caráter espontâneo ou direcionado.

Considerando-se a evocação do passado como substrato da memória, pode-se deduzir que, em sua relação com a História, a memória constitui-se como forma de retenção do tempo, salvando-o do esquecimento e da perda. Portanto, História e memória, através de uma inter-relação dinâmica, são suportes de identidades individuais e coletivas, que se formam no processar diacrônico e sincrônico da vida em sociedade. Pois, como afirma Otero, "As lembranças constituídas nas relações sociais, são mantidas nos diversos grupos de referência [...] ancoradas no vivido, na experiência histórica" (OTERO, 1998, p. 42).

Quando do emprego da metodologia da história oral, um projeto previamente elaborado por historiadores orienta o processo de recordação dos sujeitos da História, ou mesmo de testemunhas das experiências vividas por uma coletividade. Dessa forma, os depoimentos coletados tendem a demonstrar que a memória pode:

> Manifestar-se como afecção, sob a forma de evocação (lembramo-nos disso ou daquilo em tal ou qual ocasião), mas existe também uma memória ativa, que comporta um enigma, já que busca "o que ter-me esquecido". Na rememoração ("recherche", "rappel"), a memória assume a forma de "trabalho" e revela sua "dimensão cognitiva", seu "caráter de saber. (BRANDÃO, 2001, p. 3)

São as vozes do passado atualizadas no presente que presenteiam o futuro com a fonte essencial da vida: a memória. Os documentos orais, e também os lugares da memória, como assim os denominou Pierre Nora (1984), são bastiões das lembranças, já que nascem do sentimento de que não há memória espontânea.

O ato de relembrar insere-se entre as possibilidades múltiplas de registro do passado, elaboração das representações e afirmação de identidades construídas na dinâmica da História. Portanto, a memória passa a se constituir como fundamento de processos identitários, referindo-se a culturas, comportamentos e hábitos coletivos, uma vez que o relembrar individual – especialmente aquele orientado por uma perspectiva histórica – relaciona-se à inserção social e também histórica de cada depoente. Pois, de acordo com Maia e Arruda, a memória faz "um cruzamento importante entre o particular e o global, entre o individuo e o coletivo, entre a intimidade e a história" (MAIA; ARRUDA, 2003, p. 21).

A produção de documentos orais tem duplo embasamento: o ofício do pesquisador e a memória dos depoentes. Como metodologia que busca captar o passado, a História oral constitui-se como espaço vivificador da relação entre a história, as memórias e as identidades, pois, como afirma Saul Sosnowski: "O ato de recordar incita à reflexão permanente do ser na história" (SOSNOWSKI, 1994, p. 15). Dessa forma, História e memória, enredadas na trama da reconstituição temporal e espacial, contribuem para a consolidação da consciência de pertencimento ou de não pertencimento dos sujeitos históricos a organizações, grupos, instituições, etnias, países.

Essa dinâmica inter-relacional de temporalidades manifesta-se através de diferentes linguagens. São as vozes da memória que chegam da distância e se transformam em proximidade. São as vozes da memória que adquirem pela costura dos fragmentos das lembranças dimensão de tecido social e de identidades coletivas.

Na dinâmica da produção de documentos orais, a questão das identidades adquire, portanto, uma dimensão especial, traduzida pelo reconhecimento das similitudes e das diferenças, mediante o afloramento de lembranças e a construção das representações sobre o passado.

No processar da recordação estão presentes diferentes dimensões de tempo, que constituem a dinâmica das trajetórias individuais e coletivas dos sujeitos da História. São os chamados tempos vivos, que comportam em si referenciais identitários. São tempos prenhes de experiências, que podem ser registradas através de relatos orais.

O registro da vida vivida, por meio de fontes orais, pode ser estimulado pela apresentação de referências documentais, que auxiliam a expressão das lembranças. São os chamados documentos significativos, que, muitas vezes, funcionam como âncoras no decorrer do processo narrativo. Ecléa Bosi, ao conceituar esse tipo de fonte carregada de passado e de significado do passado, reporta-se a Violet Morin, e a define como "objetos biográficos" incorporados à trajetória de vida de determinado personagem. Podem ser cartas, cartões-postais, retratos, recortes de velhos jornais, medalhas, diplomas, bilhetes, anotações, livros, troféus, manifestos, quadros, peças de vestuários, botons. Expressam identidades e representam referências e enraizamento, inúmeras vezes, vital ao ato de recordar (BOSI, 2003, p. 26-27).

Portanto, memória e História, presentes na produção de fontes orais, são também processos cognitivos, por meio dos quais as identidades de sujeitos históricos, individuais e coletivos podem melhor ser reconhecidas e analisadas como integrantes da tessitura constitutiva da História, uma vez que as identidades, de acordo com Castells (1999), são fontes de significados e experiências de um povo.

Identidades referem-se a atributos culturais, simbologias, experiências, hábitos, crenças, valores. Remete a um elenco de variáveis em permanente construção. Nesse sentido, "para determinado individuo ou ainda um ator coletivo, pode haver identidades múltiplas..." (CASTELLS, 1999, p. 22), uma vez que sua inserção social humana não é unívoca, mas, sim, diversificada. O trabalho da memória é especialmente frutífero para o reconhecimento desses laços identificadores, já que contribui para a internalização de significados e experiências.

## Vozes da memória: matéria-prima da História

Na antiga Grécia, a memória tinha uma função considerada prioritária: conferir imortalidade ao ser humano. Ou seja, integrá-lo ao tempo através da História, fazendo do passado suporte do presente e potencialidade do futuro. Em decorrência, a memória era considerada como possibilidade de atualização do passado. Além disso, tinha a função de registro do presente, evitando-se que o esquecimento se impusesse no futuro.

Portanto, a deusa Mnemosyne, uma das divindades alegóricas amadas por Júpiter, tinha a função prioritária de fazer do que passou tanto o sedimento do presente como o esteio do futuro. Uma de suas filhas, Clio, que representava a História, trazia em si a seiva da eternidade; em outras palavras, constituía-se como antídoto ao esquecimento, através dos tempos vividos.

No mundo contemporâneo, muito se tem escrito e discutido acerca da faculdade humana de relembrar e recordar. Entre os diferentes tipos de memória identificados por filósofos e historiadores, cabe destacar a *memória social ou histórica*, que, de acordo com Marilena Chauí (1995), é fixada por uma sociedade através de seus mitos fundadores, de relatos, registros, depoimentos, testemunhos. São as vozes da memória expressas por diferentes tipos de registro como: narrativas, filmes, fotografias, telas, esculturas, imagens, livros, músicas, monumentos, peças publicitárias, documentários, relíquias, no sentido apresentado por Meneses:"Relíquia, semióforo, objetos históricos: seus compromissos são essencialmente com o presente, pois é no presente, que eles são produzidos como categoria de objeto e é às necessidades do presente que eles respondem." (MENESES, 2006, p 26).

Para o historiador, as vozes da memória são processos sociais ativos. São essenciais tanto para a produção de novas fontes históricas como para a prática de preservação da documentação já existente.

Compreendendo a função social da memória histórica como a de suporte de identidades coletivas, ao historiador cabe estimular e contribuir para que as condições de registro desse tipo de memória possam se efetivar.

Dessa forma, o profissional da História, ao dedicar-se à produção de fontes orais e ao engajar-se na defesa da preservação documental e do patrimônio cultural, investe seu esforço no que podemos denominar de memória estimulada ou induzida. Ou seja, mediante esse trabalho retira da memória seu caráter espontâneo, transformando-a em fonte para produção de conhecimento intelectual.

Nesse sentido, ao se referir tanto ao ofício do historiador como às atribuições dos lugares da memória – museus, arquivos, coleções, centros de documentação, bibliotecas, Pierre Nora (1993) afirma que não existe memória espontânea e que a necessidade dos homens de alimentarem a história com os resquícios do passado e de construírem e manterem os lugares da memória traduzem a busca pelo ser humano da eternidade temporal.

A História, como produção de conhecimento, ordena vestígios, referenciando-os à dinâmica da vida humana, em todas as dimensões que lhe são peculiares. É lícito considerar-se a produção historiográfica como um segmento específico da memória coletiva, que é, de acordo com Paoli e Almeida (1996), patrimônio comum de uma sociedade. Um segmento caracterizado por utilização de metodologias apropriadas à produção do conhecimento, à recuperação de informações sobre o passado e à realização de análises e interpretações sobre esse mesmo passado.

Além disso, a História conhecimento supõe sólida relação entre prática (pesquisa empírica) e teoria."Mas é a teoria que oferece os meios para refletir sobre esse conhecimento, embasando e orientando o trabalho dos historiadores, aí incluídos os que trabalham com fontes orais" (FERREIRA; AMADO, 2002, p. xvii).

Portanto, não é incorreto identificar o historiador como um produtor de memórias, como um artífice do reordenamento do passado, segundo as expectativas e indagações da sociedade na qual está inserido. A História, afirma Guarinello (1994), é uma produção intelectual e científica do saber, que disciplina a memória, tira-lhe a espontaneidade, mas simultaneamente enriquece as representações possíveis da própria memória coletiva. Na verdade, a História não só disciplina e enquadra a memória, como supõe análise, interpretação e suporte teórico.

Nessa linha de raciocínio, é possível estabelecerem-se duas possíveis formas de relação da História com a memória. Na primeira, a História pode ser identificada como alimento da memória, e, simultaneamente, a memória pode ser tomada como uma das fontes de informação para a construção do saber histórico. Na segunda, a História assume dimensão específica de cultura erudita, voltada para produção de evidências e, portanto, assume função destrutiva da memória espontânea.

No primeiro caso, pode-se inferir que a História, por ser fertilizadora da memória, acaba por contribuir para que a sociedade encontre, por intermédio da própria História, subsídios necessários ao processo inerente ao ser humano de reconhecimento de identidades. Trata-se, nesse caso, das chamadas identidades sociais dos mais variados matizes e tipos. Nessa dinâmica interrelacional, a História acaba por adquirir dimensão pluralista, que reconhece o homem como um sujeito duplamente ativo: elaborador do próprio processo histórico e construtor do saber crítico sobre a História construída.

No segundo caso, ressaltam-se mais os aspectos contraditórios da relação memória e História, destacando-se o fato de ser a tradição histórica um elemento regulador da memória e destruidor de sua espontaneidade. A História assume dimensões de exercício de poder, sendo inclusive capaz de produzir memórias oficiais e memórias dirigidas e também de silenciar sobre acontecimentos e de impedir a manifestação das memórias dos segmentos sociais ou "minoritários", ou "subalternos" ou "vencidos".

Na verdade, a oposição entre memória e História não chega a ser real. O que existe são atribuições diferentes, mas complementares entre cada uma delas; a necessidade de construção de identidades as aproxima, tornando fértil sua relação.

É a busca de construção e reconhecimento das identidades que motiva os homens a debruçarem-se sobre o passado em busca dos marcos temporais ou espaciais que se constituem nas referências reais das lembranças. Na verdade, para se recordar e também para se analisar os processos históricos, é necessário ativar-se a construção de signos, que se constituem como elementos peculiares de reatualização mental do passado.

Nesse sentido, os lugares da memória e os objetos biográficos podem ser considerados como esteios das identidades sociais, como monumentos que têm, por assim dizer, a função de evitar que o presente se transforme num processo contínuo, desprendido do passado e descomprometido com o futuro.

O mesmo se pode dizer da metodologia da história oral, que, sendo uma produção intelectual, orientada para a produção de narrativas históricas, contribui para se evitar o esquecimento e para se registrar múltiplas visões sobre o que passou. Nesse sentido, além de contribuir para a construção/ reconstrução de identidades, a "história oral" também empreende um esforço voltado para a expressão da pluralidade de visões inerentes à vida coletiva.

Uma das maiores potencialidades da metodologia da história oral refere-se ao seu caráter heterogêneo e essencialmente dinâmico de captação do que passou, segundo a visão de diferentes narradores. Trata-se de uma operação bastante complexa de produção de documentos, que envolve simultaneamente intersubjetividades e a busca de construção de evidências históricas. O esforço do historiador quando da utilização da metodologia da história oral é no mínimo duplo: deve voltar-se tanto para o estímulo ao afloramento aberto e dialético do ato de rememorar do depoente quanto para a realização de uma operação intelectual que demanda crítica e análise, especialmente na fase de preparação dos roteiros das entrevistas e na de análise e interpretação do documento produzido. Nesse sentido, o estímulo à expressão da pluralidade, relacionado ao esforço de recuperação das referências constitutivas de identidades, pode ser tomado como elemento essencial do processo metodológico de construção de fontes orais.

A memória contém inúmeras potencialidades que podem em muito enriquecer o processo de reconstrução e análise das inúmeras variáveis constitutivas da dinâmica da História. Na verdade, as potencialidades da metodologia da história oral, que tem na memória sua principal fonte informativa, são infindáveis, permitindo ao historiador, a seu critério, a adoção de abordagens históricas de características diferentes, com ênfase, por exemplo, no institucional ou no privado, no público ou no particular, na visão individual ou na visão coletiva.

Mas independentemente de qualquer uma das opções, a questão da reconstrução de identidades ganha dimensão especial, uma vez que a memória e a História, especialmente quando inter-relacionadas, constituem-se em fundamento, em substrato de identificação social de sujeitos históricos.

## *Identidades coletivas, memória e História*

Memória e História são processos sociais, são construções dos homens, que têm como referências as experiências individuais e coletivas inscritas nos quadros da vida em sociedade. Dessa forma, "a memória, como substrato da identidade, refere-se aos comportamentos e às mentalidades coletivas, na medida em que o relembrar individual encontra-se relacionado à inserção histórica de cada indivíduo" (NEVES,1998, p. 1527). Portanto, as motivações exteriores, como no caso da história oral, inúmeras vezes desencadeiam o processo de reordenação, de releitura de vestígios, e de reconstrução de identidades.

Nesse sentido, a memória, ao constituir-se como fonte informativa para a História, é também fundamento de identidades, mediante um processo dinâmico, dialético e potencialmente renovável, que contém no seu âmago as marcas do passado e as indagações e necessidades do tempo presente.

O homem é um ser permanentemente em busca de si mesmo, de suas referências, de seus laços identificadores. A identidade, além de seus aspectos estritamente individuais, apresenta dimensão coletiva, que se refere à integração do homem como sujeito do processo de construção da História. A História, conquanto processo, é compartilhamento de experiências, mesmo que inúmeras vezes sob forma de conflitos. A memória, por sua vez, como um dos fatores presentes no resgate da história compartilhada, é esteio para autorreconhecimento.

Mas a construção de identidades é também uma dinâmica através da qual a identificação das similitudes e a afirmação das diferenças situam o ser humano em relação aos grupos sociais que o cercam. A metodologia da história oral, por sua vez, é um procedimento que em muito contribui para que tais similitudes e diferenças sejam destacadas ou reconhecidas.

O mundo moderno, caracterizado por uma temporalidade frenética e em permanente transformação, vive um processo de desenraizamento. A memória tende a perder sua função de entrecruzamento de múltiplos tempos. À História, conquanto processo cognitivo, do qual o homem é o principal sujeito, cabe recuperar os lastros dessa dinâmica temporal, fazendo do próprio homem sujeito reconhecedor de suas identidades, por meio de sua integração na dinâmica sincrônica da vida em coletividade.

O ser humano tem múltiplas raízes: familiares, étnicas, regionais, nacionais, religiosas, partidárias, ideológicas, culturais. Sua vida é uma totalidade, na qual processos diversificados conformam a dinâmica do viver. Dessa forma, a memória e a História são, cada uma a seu modo, registros dessa pluralidade, ao mesmo tempo em que são antídotos do esquecimento. A História, como procedimento epistemológico, fornece conceitos, símbolos e métodos para que o homem, na qualidade de sujeito social, pense a si mesmo, em uma relação que faz o caminho do presente para o passado. Portanto, em muito contribui para a construção das representações da memória coletiva e da própria representação de identidades, em seu caráter paradoxalmente plural e também definidor do que lhe é específico, peculiar.

Para Portelli, a história oral, que é um entre os muitos procedimentos metodológicos de construção do conhecimento histórico,

> [...] tende a representar a realidade não tanto como um tabuleiro em que todos os quadrados são iguais, mas como um mosaico ou colcha de retalhos, em que os pedaços são diferentes, porém formam um todo depois de reunidos. (PORTELLI, 1997, p. 16)

Inclui-se entre os procedimentos metodológicos que lhe são próprios o reconhecimento da importância de cada indivíduo/depoente em si mesmo e em sua relação com a sociedade na qual está ou esteve integrado. Cada pessoa é componente específico de um mosaico maior que é a coletividade. Portanto, cada depoente fornece informações e versões sobre si próprio e sobre o mundo no qual vive ou viveu. A história oral, em decorrência, é um processo de recordação realizado por um sujeito individual, mas socialmente integrado. Os relatos e os testemunhos contêm em si um amálgama maior, o da inserção em uma comunidade específica.

Quanto a essa questão, cabe uma análise sobre as potencialidades da metodologia da história oral ante a dinâmica da construção/reconstrução de identidades. Isso porque algumas características peculiares à própria história oral definem por si mesmas qual é a sua abrangência e quais são os seus limites. Entre elas destacam-se as seguintes:

- a história oral refere-se especificamente ao tempo presente, portanto à história contemporânea. Nesse sentido, pode no máximo recolher registros, informações e versões sobre o acontecido em um espaço limitado de tempo, não comportando referências a um passado mais longínquo, a não ser como notícias ou registros de tradições que foram transmitidas de geração a geração;
- o testemunho oral constitui a base da pesquisa, traduzida pelo diálogo entre entrevistado e entrevistador. Nesse sentido, acaba por, inevitavelmente, registrar informações pertinentes às preocupações de no mínimo dois sujeitos diferentes;
- a história oral possibilita o afloramento de múltiplas versões da História e, portanto, potencializa o registro de diferentes testemunhos sobre o passado, contribuindo para a construção da consciência histórica individual e coletiva.

Portanto, as potencialidades da metodologia da história oral são inúmeras, mas seus limites também são efetivos. Permeada por interlocuções diversas, supõe um trabalho prolongado que passa por inúmeras etapas, desde a pesquisa para a preparação dos roteiros das entrevistas, até sua realização, seu processamento e sua análise. Enfim, mediante esse rico procedimento de diálogo entre o historiador e o depoente, é possível produzir-se documentos que registram versões e representações sobre o que foi, como foi, o que deixou de ser e o que potencialmente pode vir a ser, tanto do ponto de vista individual como na perspectiva social e política.

Em suma, os historiadores são movidos por um imperativo ético que os motiva a contribuir para o impedimento de que a memória histórica se desvaneça e de que as identidades se percam no fluir inexorável do tempo contínuo, já que ao dedicarem-se à tarefa de fazer afluir o passado, através de diferentes versões, e de analisá-lo da maneira mais consistente possível, vinculam a razão histórica à memória. Em última instância, buscam cumprir uma função social de especial relevância: fazer do saber histórico tanto fundamento do conhecimento do passado como da projeção do futuro e, além disso, empenhar-se para diminuir o impacto do consumo diuturno do esquecimento e da perda de identidades, que são marcas importantes do mundo pós-moderno.

# Dinâmicas da memória e da História: representações e multiculturalidade

> *O nosso lugar é hoje um lugar multicultural, um lugar que exerce constante suspeição contra supostos universalismos ou totalidades.*
> (BOAVENTURA DE SOUSA SANTOS)

## *Sujeitos da História*

Quem são os homens e as mulheres que tecem a História da humanidade? Quem são os sujeitos construtores da dinâmica temporal e processual que constitui a tessitura da História? Quem são os líderes de movimentos sociais, quem são os revolucionários, os políticos, os nacionalistas, que incorporam paixões e crenças, razões e projetos movimentando-se pelos caminhos da vida pública, fazendo de suas convicções ações?

Os sujeitos construtores da história da humanidade são muitos, são plurais, são de origens sociais diversas. Inúmeras vezes defendem ideais e programas opostos, o que é peculiar à heterogeneidade do mundo em que vivemos. Seus pensamentos e suas ações traduzem, na multiplicidade que lhes é inerente, especial riqueza do ser humano: a alteridade. Alteridade que é referência de diferentes identidades – étnicas, culturais, nacionais, religiosas, sociais, de gênero, ideológicas. Alteridade que traduz a multiculturalidade e a diversidade do potencial criativo do ser humano nas mais diferentes áreas de atuação.

Os sujeitos construtores da História são líderes comunitários, empresários, militares, trabalhadores anônimos, jovens que cultivam utopias, mulheres que labutam no cotidiano da maternidade e, simultaneamente, em profissões variadas, são líderes e militantes de movimentos étnicos, são educadores que participam da formação das novas gerações, são intelectuais que pensam e escrevem sobre os problemas da vida e do mundo, são artistas que, através de seu ímpeto criativo, representam realidades e sentimentos nas artes plásticas, nos projetos arquitetônicos, nos versos, nas composições musicais, são cientistas que plantam o progresso e a inovação tecnológica, são políticos que se integram à vida pública, adotando ou uma prática de estatura maior ou fazendo do espaço público local de práticas patrimonialistas. Os sujeitos construtores da História são, enfim, todos que anonimamente ou publicamente deixam sua marca, visível ou invisível no tempo em que vivem, no cotidiano de seus países e também na história da humanidade.

São eles os responsáveis pela construção do movimento da História. Dinâmica que consiste no fato quase milagroso da singularidade dos processos históricos coletivos e na própria dinâmica da intervenção do homem na vida social, política, cultural, artística e científica de suas comunidades.

A História é a consciência do passado no presente. É o reconhecimento da ação humana na construção da temporalidade da própria História. É, enfim, uma grande façanha que consiste na busca incessante de se conhecer o passado. Mas o passado é amplo, diversificado, inexpugnável em todas as suas dimensões. Tende a ser quase irreconhecível na sua integridade, pois também está sempre condicionado à visão e aos interesses do presente. O eterno presente faz com que o passado tenda a ser visualizado como nuvens em constante mutação e movimento. Como constelações de estrelas, às vezes encobertas, outras vezes mais visíveis. Além disso, por sua amplitude e heterogeneidade, o passado foge à capacidade de apreensão – na sua inteireza – por qualquer ser humano.

Todavia, o reconhecimento dos lastros do que passou é um dos principais suportes da consciência do ser humano e como tal não pode se perder. Em decorrência, como afirma Chesneaux, "a relação coletiva com o passado, o conhecimento ativo do passado é, ao mesmo tempo, uma exigência e uma necessidade" (CHESNEAUX, 1995, p. 25).

A construção de representações sobre passado, que é imutável, mas que pode ser ressignificado – é uma articulação, quase sempre marcada por disputas e por tensões, pois a memória e o conhecimento histórico podem servir a diferentes senhores. Em outras palavras, não há neutralidade em qualquer forma de abordagem do passado. "Cada um escolhe seu passado e essa escolha nunca é inocente" (CHESNEAUX, 1995, p. 24). Nesse sentido, o mergulhar nas águas do passado é procedimento ativo de real importância para o reconhecimento de interesses convergentes ou divergentes, que integram a vida humana em constante movimento, em permanente construção histórica.

Reconhecer o passado é também, na dinâmica da história, construir conhecimento, defender o presente e resguardá-lo como matéria-prima para o futuro, já que as relações temporais, que articulam memória e História, são fecundas e necessárias para afirmação da condição humana. Os homens são agentes da História e sujeitos da memória, do esquecimento e do saber.

O conhecimento sobre o passado enriquece o presente com resíduos ampliados sobre tempo que já se foi (o ser de ontem é o ser de hoje). Dessa forma, passado e presente existem simultaneamente. A humanidade, sabedora dessa dinâmica vital de preservação da consciência de si mesma para as futuras gerações, dedica-se a tarefas de preservação no presente, que um dia será passado e à conservação de registros, informações, monumentos, enfim luzes para seu reconhecimento conquanto ser no tempo. Importante metáfora dessa instigante dinâmica encontra-se no feliz termo de Antônio Astor Diehl (2002), "Vinho Velho, Pipa Nova", que muito diz sobre a complexidade da relação presente/passado.

Lowenthal (1998) afirma que são três as principais fontes de conhecimento sobre o passado: *a memória*, que é introspectiva e inerente ao ser humano; *a história*, que é contingente e empiricamente verificável, e os fragmentos, que são construções realizadas pelo homem e que se transformam em relíquias, resíduos, marcas, patrimônio. Na verdade, o próprio homem, sujeito construtor do processo histórico, é também quem constrói as fontes e os documentos que orientarão e subsidiarão a construção da História na qualidade de saber.

Nesse sentido "o historiador, que antes varria a sala deixando-a brilhante, deu-se conta de que todos aqueles restos varridos formavam um monte no meio da sala, porém, debaixo do tapete" (DIEHL, 2002, p. 16). Resgatar resíduos, através do estimulo à recordação, é, pois, construir referências sólidas e instigantes que possam iluminar a construção do processo histórico.

## *Temporalidade, História e memória*

Ao analisar a complexidade da dinâmica temporal e de seu significado, José Carlos Reis indaga:

> Do ser do tempo é possível falar? Como tal, o ser do tempo aparece sob o signo do paradoxo: do ser e do não ser, do nascer e do morrer, do aparecer e do desaparecer, da criação e da destruição, do fixo e do móvel, da estabilidade e da mudança, da eternidade e do devir. Afinal, em qual desses lados estaria o ser do tempo? Seria o tempo só devir e mudança, por oposição à eternidade, ou seria ele eternidade e devir? (REIS, 1994, p. 9)

Já para Alfredo Bosi (1992), no reconhecimento do fluxo temporal e de sua complexidade, as datas são como "pontos de luz", que auxiliam vislumbrar na densidade acumulada dos eventos e, no movimento da História, a dinâmica dos tempos. Na verdade, a consciência dos homens sobre a dinâmica temporal inerente à vida humana não é exclusivamente abstrata. A humanidade se reconhece como sujeito ativo e construtor da história até mesmo mediante referências concretas, como datas e calendários.

O passar do tempo é, portanto, traduzido por referências celebrativas, comemorativas e identificadoras do cotidiano, que são os calendários e as cronologias. Ambos podem se referir a milênios, séculos, anos, meses e dias. Esses "pontos de luz" são criações do próprio homem em sua busca incessante por autorreconhecimento. O tempo, portanto, segundo Lílian Moris Schwartz (2000), é criação social, carregada de ambiguidades – tempo rápido ou curto; tempo parado ou em movimento, tempo de visões claras ou de mistérios introjetados na memória coletiva.

Na verdade, a inserção no tempo presente possibilita ao ser humano dimensionar a temporalidade em seus múltiplos movimentos, abstratos ou concretos. Para Marc Bloch (1997), é preciso desenrolar a bobina ao contrário, partir do hoje para mergulhar no passado e assim reconhecê-lo. Ou seja, o contato com o presente "agudiza a sensibilidade histórica" (CHESNEAUX, 1995, p. 57). A reflexão histórica é, portanto, regressiva, referenciada por datas e potencializa também o reconhecimento de identidade coletiva no tempo presente.[1]

O tempo apresenta múltiplos movimentos. Dois deles se destacam, segundo Bloch (1997): o continuum e a perpétua mudança. De fato, a permanência e a transformação são inerentes à vida em sociedade. Transformação e permanência são, também, inerentes à História; identificá-las é reconhecer a complexidade da sua essência, que inclui dupla dimensão espacial e temporal.

Todavia, a dimensão temporal caracteriza-se por diferentes movimentos além dos da retenção e da transformação. São movimentos "mediados por um sistema simbólico, por uma cultura" (REIS, 1994, p. 13). Em outras palavras, o tempo é uma representação, que também, segundo Reis, é referenciada por diferentes dizeres e expressões como: antes, depois, passado, futuro, presente, eternidade, sucessão, instante, momento, duração, brevidade, agilidade, simultaneidade, entre outras.

O sistema simbólico e as representações são, por sua vez, construções multiculturais realizadas ao longo da temporalidade histórica. Transmitidos de geração para geração, passam algumas vezes por transformações e em determinadas situações são retidos pelas experiências acumuladas e transmitidas. O homem é um ser histórico tanto na dimensão de sua vida

---

[1] Importante e instigante análise sobre a questão do tempo presente é apresentada por Marieta Ferreira e Janaína Amado. In: Usos e abusos da história oral. 2002. Rio de Janeiro: Editora FGV. 5. ed. p. xiii–xxiv. E também por CHAUVEAU, Agnes e TÉTARD, Philippe (Orgs.). *Questões para a história do tempo presente*. São Paulo: EDUSC, 2002.

individual quanto na de sua vida coletiva, e uma das experiências coletivas mais relevantes no processar da História é exatamente a da transmissão de experiências.

Memória e transmissão de experiências são faces diferentes de um único cristal que inclui a História. A memória é retenção do passado atualizado pelo tempo presente. Articula-se com a vida através da linguagem, que tem na narrativa uma de suas mais ricas expressões. Linguagem, que segundo Ricoeur é a grande instituição, *que contém as coisas já ditas, ouvidas e recebidas.* (RICOUER, 1997, p. 379 e 380). É matéria, prima para o conhecimento histórico. É reflexão do homem sobre sua vida e seu tempo. É tempo de criação, de imaginação e de registro das tradições. "É a mais épica das todas as faculdades" (BENJAMIN,1994, p. 210), posto que é elo temporal dotado de poder, informação e representação.

## *Memória: potencialidades e significados*

Na verdade, tal como apreender a vastidão do passado é um desafio para o ser humano, ativar a memória também o é, já que a memória, além de incomensurável, é mutante e plena de significados de vida, que algumas vezes se confirmam e usualmente se renovam.

> A memória está imbuída de vastidão de possibilidades, que a tornam infinitamente rica em suas manifestações. É um instrumento valioso para construção de narrativas, que registram modos de freqüentar o mundo, fazendo a trama da vida existir como drama ou comédia. (GROSSI; FERREIRA, 2.001, p. 31)

São inúmeras as concepções de memória. Para Marilena Chauí, "a memória é uma evocação do passado. É a capacidade humana de reter e guardar o tempo que se foi, salvando-o da perda total" (CHAUÍ, 1995, p. 125). Tempo e memória, portanto, constituem-se em elementos de um único processo, são pontes fundamentais que ligam o presente ao passado, projetando, em um movimento simultâneo, o futuro. A memória, por sua vez, como forma de conhecimento e experiência, é um caminho possível para que o sujeito percorra a temporalidade de sua vida, pois, de acordo com Lowenthal,

> Toda consciência do passado está fundada na memória. Através das lembranças recuperamos consciência dos acontecimentos anteriores, distinguimos ontem de hoje, e confirmamos que já vivemos um passado". (DAVID LOWENTHAL, 1998, p. 75)

Os homens, desde tempos ancestrais, já identificavam a importância da memória como:

- elo construtor de identidades e solidificador de consciências;
- referência coletiva de integração em determinada comunidade;
- manifestação de experiências compartilhadas e/ou vividas.

Santo Agostinho a considerava relevante fator de consciência temporal. A mitologia grega, por seu turno, integrou a memória ao quadro de suas representações. Dessa forma, Menemosyne é mãe das musas que protegem as Artes e a História. Artes que traduzem, além dos sentimentos e emoções dos homens, as concepções estéticas de diferentes épocas. História que se constituiu na construção da experiência humana através dos tempos.

A identificação metafórica da memória com o oceano – profundo e imenso – relaciona-se ao fato de ser a memória inseparável da vivência da temporalidade, do passar e escoar do tempo, tornando os homens seres perecíveis conquanto indivíduos, mas, possivelmente, perenes conquanto comunidade histórica. Em outras palavras, a memória, em sua profundidade, atualiza passado, uma vez que é retenção, mesmo que muitas vezes inconsciente da experiência vivida e dos sentimentos preservados.

Os conceitos e significados da memória são vários, visto que a memória, não sendo um simples ato de recordar, revela os fundamentos da existência, fazendo com que experiência de vida integre-se ao presente, oferecendo-lhe significado e evitando, dessa forma, que a humanidade se perca no presente contínuo, caracterizado por não possuir raízes e lastros. Presente muitas vezes caracterizado pela ausência de conteúdo identitário.

A memória, segundo concepção de Bérgson, (1959), é rica fenomenologia da lembrança. Nesse sentido, é processo em permanente curso e construção. Muitas vezes apresenta-se em estado oculto e, em outras, manifesta-se explicitamente. Em decorrência, a expressão da memória através da recordação, na maior parte das vezes, não se constitui em processo linear, contínuo, sem marcas de tensão. Pelo contrário, como expressão dos sentimentos humanos e das representações coletivas, é caracterizada por diferentes manifestações.

Nesse sentido, para Jaçyntho Lins Brandão,

> A ampla investigação fenomenológica da memória conduz a uma série de distinções: "memória hábito"e "memória lembrança"(é de Bérgson a ênfase no"inegável parentesco entre a lição aprendida de cor e meu hábito de andar ou escrever"), memória que se repete, memória que se imagina, memória lembranças (como se diz, os velhos têm mais lembranças mas menos memória!). (BRANDÃO, 2001, p. 3)

Marilena Chauí (1995), por sua vez, distingue seis grandes tipos de memória: a memória perceptiva ou reconhecimento; a memória hábito; a memória fluxo de duração pessoal; a memória social ou histórica; a memória biológica da espécie e a memória artificial das máquinas.

É a memória fluxo de duração pessoal que possibilita a lembrança de fatos, lugares, músicas. Relaciona-se à memória social ou histórica, que é fixada por uma comunidade, mediante referências coletivas, tais como museus, monumentos, celebrações. Na verdade, estão imbricadas, uma vez que o individuo é um ser social por natureza.

Portanto, recordar é essencial para a comunidade humana em geral e para as comunidades específicas, que podem ser: nações, igrejas, cidades, regiões, associações. Comunidades que expressam a muliculturalidade e o pluralismo, inerentes ao processo de construção da História. O lastro da memória coletiva é, pois, fundamento da história da humanidade e das histórias específicas, nacionais, étnicas, religiosas, educacionais, associativas, científicas, entre outras. Transcende o intervalo da existência individual e possibilita ao ser social reviver e redimensionar significados e experiências.

A memória, portanto, traduz registro de espaços, tempos, experiências, imagens, representações. Plena de substância social, é bordado de múltiplos fios e incontáveis cores, que expressa a trama da existência, revelada por ênfases, lapsos, omissões. É ressignificação do tempo, que fornece à História e às Ciências Sociais matéria-prima para construção do conhecimento.

## *Representações e identidades*

Boaventura Santos, em seu livro *Pela mão de Alice o social e o político na pós-modernidade* afirma que as identidades culturais não são rígidas, são identificações sempre em curso e dominadas pela obsessão da diferença (SANTOS, 1994). Em outras palavras, as identidades podem ser renováveis e, na maior parte das vezes, encontram-se demarcadas pelo reconhecimento e pela constatação das diferenças.

As identidades são representações coletivas contextualizadas e relativas a povos, comunidades, pessoas, já que a humanidade não é genérica nem caracterizada por universalismo abstrato. Ao contrário, encarna-se em expressões e formas originais e específicas, traduzidas por identidades religiosas, de gênero, políticas, corporativas, nacionais, culturais, partidárias, ideológicas.

Não há identidade sem alteridade, sem comparação. Todavia, a tendência predominante é a de destacar a consistência da identidade, e não a sua distinção. Essa orientação tende a se tornar mais enfática em processos identitários muito fortes ou muito fracos. No primeiro caso, pela dificuldade de reconhecimento do outro e, no segundo, pela própria dificuldade de autorreconhecimento. Nesse sentido, as identidades, que são também representações, constituem-se através da polaridade eu/outro.

Identidades, representações e memórias encontram-se inter-relacionadas. Por meio da memória, as comunidades e os indivíduos podem, por exemplo, resgatar identidades ameaçadas e construir representações sobre sua inserção social e sobre sua cultura.

Inspirando-nos ainda em Boaventura Santos, podemos afirmar que a memória, assim como os paradigmas, é fonte para expressão de etnicidades, línguas, particularismos, racismos, sexismos e processos culturais. Expressa também a multiculturalidade, inerente à organização humana em sociedade. Seu resgate significa, portanto, potencialidade de autorreconhecimento no conjunto de organizações sociais pluralistas.

Nesse sentido, pesquisas acadêmicas, como as que privilegiam a oralidade e as narrativas, e que têm como matéria-prima a memória, contribuem para a relativização das interpretações que tendem a sobrevalorizar as totalidades em detrimento das especificidades e os particularismos.

Essas pesquisas podem, na medida em que possibilitam a expressão da diversidade narrativa e representativa, constituir-se em suportes para a construção da justa memória. Justa memória por incorporar diferenças e se tornar, potencialmente, capaz de evitar a hegemonia de uma visão de passado utilitário e as amnésias, muitas vezes, impostas.

## *Documentos orais – registro do presente para o futuro*

A metodologia da história oral integra-se ao conjunto de esforços do sujeito produtor de conhecimentos para registrar, via relatos de experiências, as versões de diferentes personagens históricos sobre suas vidas e sobre sua integração no processo constitutivo da História. Ao se gravar um depoimento de história de vida ou mesmo uma entrevista temática, o pesquisador está, de forma deliberada, inscrevendo-se no processo de registro do passado e de produção de documentos sobre ele. Ao registrar no tempo presente as memórias sobre o tempo que passou, o historiador e os demais profissionais vinculados a pesquisas que utilizam a metodologia da história oral fazem dos testemunhos recolhidos *fontes de imortalidade* – documentos/monumentos, sob a forma de vozes e de textos, que ficarão arquivados como registros vivos da multiplicidade de experiências que constituem a vida humana na sua essência.

Os documentos orais são bastiões das lembranças que, segundo Ângela de Castro Gomes, especialmente em momentos de crise, propiciam "a construção de identidade de atores individuais e coletivos"(GOMES, 1988, p. 10).

Ora, a memória humana, apesar de na maior parte das vezes se expressar individualmente, é inesgotável e múltipla. Inscreve-se na dinâmica multicultural da vida, é dilacerada, plural, coletiva. Nela está presente um cabedal infinito de recordações e lembranças, relacionadas ao entrecruzamento de tempos múltiplos, dos quais só somos capazes de registrar fragmentos.

No processar da memória estão presentes as dimensões do tempo individual e do tempo coletivo (social, comunitário, nacional, internacional). Os sinais externos que mobilizam o ato de recordar e mesmo a indução de uma entrevista de história oral são referências para o afloramento de lembranças, que podem se constituir como narrativas de acontecimentos históricos ou como seus testemunhos.

Ora, a complexidade inerente à produção de um documento oral – não só como procedimento técnico, mas principalmente como opção metodológica – exige do pesquisador uma formação sólida universal, pluralista e humanista, que, em grande parte das vezes, os compartimentalizados cursos de graduação da maioria das universidades não oferecem. O terreno da memória em sua relação com a História é, necessariamente, interdisciplinar, visto que comporta saberes e processos comuns a diferentes disciplinas. Em decorrência, inscrevendo-se na melhor das proposições da Escola dos Annales, os projetos de pesquisa que têm na metodologia da história oral seu núcleo central têm caminhado pelo terreno multiplicador da contribuição e interlocução de diferentes áreas do saber. Mercedes Vilanova (1995) faz referências explícitas a tais procedimentos em artigo no qual descreveu o processo de implementação da história oral na Espanha.

A formação de equipes interdisciplinares nas instituições que se dedicam à produção de fontes orais tem se multiplicado. São historiadores dialogando e construindo o saber em interlocução criativa com sociólogos, antropólogos, linguistas, psicólogos, entre outros profissionais que escolheram lidar com algo tão complexo como a memória humana.

A convicção de que o tempo da memória ultrapassa o tempo de vida individual exclusivo dos depoentes, já que esses, inúmeras vezes, trazem gravados em si as histórias de família, as tradições culturais de sua região ou país, as histórias dos amigos, das instituições ou comunidades às quais estão vinculados, faz do processo de construção do documento oral um procedimento delicado e complexo, que requer esforço de conhecimento amplo que só mesmo uma contribuição interdisciplinar pode oferecer. Nesse sentido, o romance *Memória inventada*, sobre diferentes gerações de mulheres judias, escrito por Erica Jong, é exemplar e contém uma frase altamente significativa sobre as potencialidades de transmissão da memória de uma geração a outra: "Acreditamos que cada geração carrega a anterior através da memória" (JONG, 1999, p. 25).

A dinâmica específica dos processos de conhecimentos interdisciplinares é, pois, essencial à metodologia da história oral. Possibilita uma perspectiva múltipla e abrangente que o diálogo criativo entre diferentes áreas de conhecimento naturalmente gera. Só a título de ilustração, cabe registrar episódio que, de forma recorrente, tem acontecido com inúmeros pesquisadores, quando a investigação em curso tem como depoentes pessoas de idade mais avançada. Nesses casos, em diferentes ocasiões, pode ocorrer o fato de terem os depoentes dificuldade de se desprender do próprio depoimento, recusando-se implícita ou explicitamente a encerrá-lo. O recurso a ensinamentos da psicanálise pode, nessas ocasiões, ser de grande utilidade.

Como as possibilidades da memória humana são inesgotáveis, lidar com elas é caminhar por um terreno fértil, mas também escorregadio, que exige do pesquisador sensibilidade, criatividade, ética e conhecimento histórico consistente sobre o tema ou objeto da pesquisa.

A memória, tanto na sua versão individual como na coletiva, tem potencialidades múltiplas, que correspondem à heterogeneidade das experiências humanas. O ato de recordar é quase sempre individual, mas a memória, segundo Halbwachs (1990), está sempre inserida nos quadros sociais da vida humana, uma vez que as comunidades têm uma alma coletiva conformada por sua experiência de vida, por sua cultura, pelos símbolos que cultiva, por seu imaginário social e pelas crenças e valores que orientam seu cotidiano.

Considerando-se a pluralidade e as potencialidades da memória, cabe tecer algumas análises sobre a relação da memória com a História, na perspectiva da produção de documentos orais.

Ao pesquisador que trabalha com história oral cabe um cuidado peculiar ao induzir o ato de recordar para construção de fontes e documentos. Na verdade, cabe-lhe uma responsabilidade dupla integrada a especificidade de seu trabalho: respeito ao depoente e retorno do documento produzido ao próprio entrevistado e à comunidade (quando assim autorizado pelo depoente).

## História: memória, interdisciplinaridade e multiculturalidade

Entre as diferentes formas de tradução da multiculturalidade e das memórias individuais e coletivas pelo ser humano, a literatura talvez se constitua no terreno mais fértil, já que se caracteriza por forte liberdade criativa. Grandes escritores como Proust, Saint Simon, Eduardo Galeano, Jorge Luís Borges, Jorge Seprum, Gabriel Garcia Marques, Otávio Paz, Pablo Neruda, Margerite Youcenar, Pedro Nava, Albert Camus, Isabel Allende, Patrick

Chamoiseau, Graciliano Ramos, Zélia Gatai, Umberto Eco tomaram suas memórias como fonte de inspiração para a criação de obras-primas da literatura nacional e universal. Reconstruíram o passado em tramas literárias carregadas de emoção, de lembranças e reminiscências de tempos pretéritos, possibilitando ao leitor, através da imaginação, viajar por espaços desconhecidos e por épocas por ele não vividas.

A História, como forma de saber, que faz da memória uma de suas principais fontes de conhecimento, não tem como traço inerente a mesma liberdade criativa das obras escritas por ficcionistas e poetas. O conhecimento histórico, apesar de possibilitar aos estudiosos da área empreenderem fascinantes viagens pela temporalidade da trajetória da humanidade e por espaços muitas vezes desconhecidos, é uma produção intelectual do saber, orientada por metodologias precisas e consistentes. O historiador não busca a *verdade* (pois afinal as verdades são sempre versões), mas procura construir evidências e apresentar análises e interpretações sobre o que passou.

A História é uma categoria do real, sujeita a uma práxis interpretativa e à verificabilidade, mediante minuciosa pesquisa documental. Portanto, a metodologia da história oral, que tem na memória e nos relatos de depoentes sua principal fonte de informação, deve cercar-se de cuidados especiais. Entre eles destacamos o de dialogar com recursos epistemológicos de outras áreas de conhecimento para tornar mais consistente a produção do documento oral, pelo menos em função de duas razões precípuas. A primeira refere-se à busca incessante da própria consistência da fonte produzida. A segunda, à sua socialização, visto que o documento oral terá diferentes destinos ao ser socializado: publicação, base para outras pesquisas históricas, formação de acervos, entre outros.

A História, como produção do saber, é um termo polissêmico e também histórico. Ao longo da vasta trajetória da humanidade, em diferentes períodos, foi adquirindo significados e conceituações diversas. Na verdade, a História é uma ciência que carrega as marcas do tempo, e sua conceituação está intrinsecamente ligada às características da fase na qual o conhecimento histórico foi ou é produzido. Assim, na Grécia a dimensão do conhecimento histórico era mais metodológica e reflexiva e relacionava-se estreitamente com a Filosofia. Em Roma o sentido da História ganhou dimensão utilitária e patriótica. Na Idade Média recuperou parte de sua dimensão filosófica, estabelecendo forte diálogo com a Teologia. Com o Renascimento, cresceu seu caráter humanista, antropocêntrico, que se desdobrou no Iluminismo, caracterizado por forte racionalismo. No século XIX buscou estatuto de ciência, tanto com o Marxismo quanto com o Positivismo.

Finalmente, no século XX passou por forte revolução metodológica, patrocinada principalmente pela Escola dos Annales. Proliferam desde então novos temas, novas abordagens, novas metodologias. No esteio dessas transformações, tem-se reproduzido a ideia de que a interdisciplinaridade e o diálogo profícuo com outras áreas de conhecimento são vitais para que a História possa melhor captar o acontecido em sua dimensão simultaneamente global e pluralista, transformando-a, assim, em conhecimento histórico.

Filha da concepção de que a História é uma área de fronteiras permeáveis, através das quais circulam informações, conceitos, teorias, a história oral tem sido pródiga na utilização de recursos pluridisciplinares. E, ao adotar esse procedimento, tem trazido contribuições enormes para que a memória se torne fonte inesgotável de informações para a própria História e vice-versa.

Assim concluímos que a História:

- enriquece as representações possíveis da memória;
- fornece símbolos e conceitos para que a sociedade pense sobre si mesma e sobre sua relação com o passado;
- fertiliza a memória, reativando as lembranças;
- torna-se pluralista, incorporando em seus temas e objetos a sociedade no seu conjunto e na diversidade que lhe é inerente.

Enfim, a produção de documentos orais realiza-se no presente em franco diálogo com formas múltiplas de saber. Os historiadores envolvidos nessa complexa tarefa reconhecem o direito dos homens à consciência de si mesmos como sujeitos da História, à cidadania e às identidades individual e coletiva.

## Segunda parte
*Tempos vividos e memória coletiva*

# A voz dos militantes: o ideal de solidariedade como fundamento da identidade comunista

*O passado não é um teatro de sombras. O que lá impera não é o efêmero e sim o irreversível.*

(DIMITRI VOLCOGONOV)

## Experiência e consciência coletiva

A memória, como esteio de identidades, refere-se aos comportamentos e às mentalidades coletivas, na medida em que o relembrar individual encontra-se relacionado à inserção social e histórica de cada indivíduo. A dinâmica constitutiva do processo individual minemônico é trama sincrônica da existência social e da inserção coletiva passada, constituindo-se como representação da heterogeneidade tomando por base a singularidade.

Como processo social ativo, a memória tem como ponto de partida a vida em sociedade na qual se inscrevem as experiências individuais. Pressupõe diversidade de possibilidades e combinação de heterogêneas expressões algumas vezes visíveis e, em outras, omitidas ou ocultas. Dessa forma, estímulos exteriores são de real importância para o processo de reordenação e releitura de vestígios, trazendo para o presente motivações e sentimentos que outrora mobilizaram indivíduos, grupos e partidos.

Como suporte da identidade, a memória não é conservação, mas reordenamento, reconstrução de lembranças, porque a dinâmica das múltiplas temporalidades interfere no ato do relembrar, fazendo da memória e da identidade fenômenos dinâmicos, dialéticos e potencialmente renováveis.

Como a construção de identidades tem na memória um de seus pilares fundamentais, e como a memória – tal qual a História – é fonte de imortalidade, é possível afirmar-se que tanto o rememorar induzido como o espontâneo são elementos integrantes das identificações sociais e da produção do próprio conhecimento histórico.

Alguns autores, como Nora (1993), identificam a História como produção intelectual do saber e, portanto, como processo cognitivo destruidor da memória espontânea. Outros, como Le Goff (1990), afirmam que memória e história fertilizam-se mutuamente, chegando mesmo a se confundirem. Na verdade, tanto a memória como a História são contraposições ao esquecimento, são suportes da consciência individual e coletiva. O registro de memórias individuais e coletivas potencializa inúmeras leituras e releituras do passado, que são expressivas da densidade e complexidade da vida humana.

Guarinello afirma, de forma contundente, que "... a oposição entre memória e história é, em grande parte ao menos, falsa..." (GUARINELLO, 1994, p. 192) e que a História enriquece as representações possíveis da memória coletiva. Memória e História, na verdade, são processos diferentes, mas não opostos. Ambos podem ser identificados como estimuladores recíprocos, contribuindo para que o ser humano, através de sua identificação como sujeito construtor da História, reconheça-se também como sujeito construtor de seu presente e de seu futuro.

A história oral, ao atuar na produção de documentos que têm como referência simultaneamente o conhecimento de processos históricos específicos e a memória individual dos depoentes, é um espaço vivificador da relação fértil entre a História e a memória. É também um método, um meio para a produção do conhecimento, potencializando uma rica visão temporal: sobre o passado vivido, sobre o presente no qual o depoimento está sendo colhido e sobre o futuro, uma vez que o registro de experiências é, na maior parte das vezes, realizado como desejo de transmissão e perenização de experiências.

Como os documentos orais são produzidos com interferência do entrevistador, a espontaneidade da memória fica efetivamente comprometida, mas o processo cognitivo da História ganha em densidade e possibilidades, já que a história oral é um esteio de potencialidades múltiplas, todas enriquecedoras do conhecimento humano.

Experiências de vida singulares podem se tornar paradigmas de experiências coletivas e de valores e hábitos de conjunturas e épocas. Com certeza, mediante essas experiências específicas, podem-se resgatar diferentes memórias sob diferentes óticas. Pelos depoimentos orais, atores sociais distintos podem se manifestar sobre o mesmo processo ou acontecimento. Mas, mais do que isso, cada depoimento colhido é, em si, multifacetado porque humano. Além disso, por ser uma dinâmica complexa, cada entrevista é também evidenciadora da heterogeneidade temporal que caracteriza a vida humana, pois traduz a interseção da experiência individual com o fio social da história.

Quanto à questão da identidade que é central para a análise apresentada no presente texto – a história oral, através da memória de sujeitos da História, produz evidências sobre processos históricos, constituindo, portanto, um esteio para o reconhecimento de identidades. Espaço privilegiado para o desenvolvimento de interpretações alternativas às oficiais, a história oral possibilita a expressão de diversificadas representações da realidade.

A identidade traduz um sentimento e uma convicção de pertencimento e vinculação a uma experiência de vida comum. A dinâmica constitutiva das identidades é a da experiência vivida, que pode vincular-se simultaneamente à alteridade e à igualdade. Ou seja, as identidades são constituídas por um mecanismo contrastante de afirmação das diferenças e de reconhecimento das similitudes.

A memória é suporte vital das identidades reveladoras da pluralidade inata à vida humana. Portanto, História e memória, inter-relacionando-se por meio da produção de fontes orais, são processos cognitivos através dos quais grupos sociais podem melhor se autorreconhecerem.

## *Os comunistas mineiros e o mito de origem*[1]

O presente texto, que recorre à oralidade (memória) como seu fundamento metodológico principal, tem como objetivo contribuir para melhor entendimento dos elementos constitutivos da identidade comunista no Brasil, no período compreendido pelos últimos setenta anos do século XX. Para alcançar tal intento, privilegiamos a análise de depoimentos de militantes do Partido Comunista Brasileiro prestados ao Programa de História Oral da UFMG.

Tais depoimentos indicam que a identidade comunista sustenta-se em dois suportes básicos: um, de origem, relativo às razões que provocaram a adesão ao partido; e outro relacionado ao cotidiano de luta dos militantes. A presente análise refere-se a uma interpretação específica sobre as razões que motivaram pessoas de diferentes inserções sociais e regionais a se filiarem ao PCB e de como essa razões contribuíram para a construção de uma identidade grupal sólida, apesar de muitas vezes permeada por contrastes, por exemplo, o de opção diferenciada pela via marxista.

Na verdade, os depoimentos evidenciam que a razão mais comum da filiação de militantes ao Partido Comunista referia-se à proposição visionária de um futuro igualitário e solidário para a sociedade humana. Um futuro

---

[1] O presente texto baseia-se nos depoimentos dos seguintes militantes do PCB que atuaram no Estado de Minas Gerais – Brasil: Anélio Marques, Armando Ziller, Dimas Perrin, Evaristo Garcia e José Francisco Neres (Pinheiro), prestados ao Programa de História Oral da UFMG, financiado pelo CNPq e pela FAPEMIG.

alternativo à ordem capitalista estabelecida no Brasil e no mundo ocidental. Contudo, as motivações imediatas que levaram esses militantes a abraçarem os ideais de igualdade e solidariedade são de diferentes naturezas. Entre eles destacam-se a leitura de textos cristãos como a Bíblia e a encíclica Mater et Magistra do Papa João XXIII, a influência familiar e de amigos e também do ambiente no qual cresceram ou viveram. Quanto a este último aspecto, destaca-se a experiência dos operários da cidade mineradora de Nova Lima, durante muitos anos conhecida como a *Moscou de Minas*, em decorrência do elevado número de comunistas que atuavam na cidade, em especial no período compreendido pelos anos de 1935 a meados da década de 1960.

O que se sobressai no conjunto de depoimentos analisados é a evidência de que não era comum uma preparação marxista básica precedendo a filiação ao partido. Os ideais de solidariedade que mobilizaram os militantes foram, quase sempre, construídos de forma intuitiva. Portanto, razões emocionais tiveram peso significativo na opção partidária desses militantes. Tais razões os aproximaram, fertilizando e alimentando um sentimento comum de pertencimento a uma causa universal e criando forte elo de identidade, concernente ao mito de origem, fundamental para todos os depoentes.

É interessante notar que, através de caminhos diversos, o valor da solidariedade, que motivou a adesão ao partido, fertilizou-se nas mentes e nos corações desses comunistas, tornando-se referência central de sua militância cotidiana no PCB. Dessa forma, a representação quanto aos fundamentos de adesão ao partido reproduziu-se entre diferentes militantes, contribuindo para a criação de uma cultura comunista, embasada em uma visão compartilhada de mundo e reforçada, ao longo da trajetória política dos entrevistados, por forte convicção visionária de transformação da realidade social e econômica, predominantes no mundo ocidental e no Brasil, especificamente.

## *Filiação ao Partido Comunista Brasileiro: em busca da solidariedade (cristianismo e comunismo)*

Quanto à adesão à causa comunista através da identificação do marxismo com textos cristãos, destacam-se dois depoimentos, especialmente singulares e significativos: o de Armando Ziller e o de José Francisco Neres (Pinheiro).

Armando Ziller, ativo dirigente do movimento sindical bancário em Minas Gerais e no Brasil, no período do pré-1964, era filho de pastor protestante e encontrou o caminho da militância comunista pela identificação das proposições marxistas com o conteúdo do Evangelho.

> Eu nunca tinha ouvido falar de Partido Comunista, nem dos líderes, nem dos criadores da ideia do socialismo científico. E pensava

até que eu ao escrever pequenos textos, qualquer coisinha, redigidos a partir da leitura da Bíblia estava adaptando o cristianismo ao mundo moderno, propondo uma espécie de cristianismo social, de maneira que ninguém tivesse fome, que ninguém passasse dificuldade. Aí eu mostrei para um amigo meu e ele disse: – mas isso é comunismo; porque ele já tinha algumas luzes...

[...] nós dois nos reunimos e ele começou a me explicar o que era ser comunista. E nós fizemos lá em Itararé, no estado de São Paulo, uma liga de comunistas. Nós fizemos a liga e tocamos o barco. Então eu recebi, talvez por intermédio dele ou de amigos dele, o Manifesto Comunista de Karl Marx e Engels. E aquilo provocou em mim a mesma operação por que eu passei quando li o Evangelho pela primeira vez.

– Aqui, é isto aqui e está acabado.

Quanto à Liga, nós não sabíamos exatamente o que fazer com ela. Mas estudávamos e discutíamos. Em 1945, quando o partido veio para a legalidade, eu já tinha saído de Itararé quinze anos antes e já era vinculado ao partido desde 1932. Já havia me tornado um comunista. Cristão, mas antes de tudo comunista...

José Francisco Neres, operário tecelão da fábrica Marzagânia, no município de Sabará em Minas Gerais, aderiu ao partido em 1961, portanto muitos anos depois de Armando Ziller. Mas, em tempo e local diferentes, teve motivações similares à de seu colega bancário para ingressar no PCB. Entendeu, como ele, que, valendo-se da leitura de textos cristãos, o comunismo era o melhor caminho para a construção de um mundo mais solidário e, portanto, mais justo.

Eu entrei para o partido por influência da Mater et Magistra. A gente se reunia nos círculos operários para discutir a questão do terceiro mundo, dos países endividados que ela colocava....e aí pensávamos – Engraçado, ninguém vai mudar o mundo sem uma luta de libertação. Aí a comparação entre a Rerum Novarum, a Mater et Magistra, a Quadragésimo Ano e o marxismo, que eu conhecia só intuitivamente foi inevitável, me fez pensar que o cristianismo tinha que ficar junto com o comunismo. Era uma ideia que eu tinha de que essas duas coisas eram uma só [...].

## *Influência familiar, de amigos e do ambiente*

Outros depoimentos indicam que a influência familiar e de amigos foi fundamental para a vinculação de alguns comunistas históricos ao PCB. Em busca de um caminho comum que levasse, segundo suas narrativas, à superação da desigualdade social, encontraram algumas vezes em seus familiares e em companheiros a interlocução e intermediação que os levou ao Partido Comunista.

Sinval Bambirra, operário tecelão e líder sindical em Minas Gerais, teve no pai, o qual identificava como um combatente contra a opressão, a fonte inspiradora de sua adesão à causa comunista.

> Desde criança eu segui as pegadas de meu pai [...] Extraordinário homem. [...] Meu pai, me transmitiu o espírito de combatividade, não aceitava de forma alguma a opressão [...].
>
> Meu pai era um homem de formação comunista. Formação marxista, uma formação muito sólida, que valorizava a solidariedade [...].Eu estava sempre com ele, e fui assimilando, assimilando, aquela preocupação dele de como mudar aquele estado de coisas, não é?
>
> Aos dezesseis anos comecei a trabalhar na fábrica. De manhã eu entrei na fábrica e à tarde eu já fui ao sindicato fazer minha filiação. Impulsionado por aquelas ideias de meu pai.
>
> Depois de minha adesão ao partido eu tive grandes mestres que me introduziram na compreensão mais precisa do marxismo. O Ziller, o Anélio Marques, o Dimas Perrin, o Augusto Gilberti, um comunista histórico de São Paulo, Roberto Magnoni. Minha escola de marxismo foi o partido. Minha compreensão do socialismo científico se deu pela ajuda de meus companheiros e dirigentes.

Anélio Marques, fundador do Sindicato Mineiro de Nova Lima (MG), entrou para o Partido Comunista em 1932. Na ocasião o partido ainda não estava organizado na cidade, mas os comunistas que ali habitavam eram inúmeros. Suas ações junto ao sindicato e à comunidade local consolidaram-se ao longo do tempo, constituindo-se como marca da história da cidade.

> Eu fui introduzido no Partido junto com outros dois companheiros, o Pedro Pinto Carneiro, que trabalhava na carpintaria da Morro Velho, e o Geraldo de Souza, que trabalhava na Mina Grande. Nós vivíamos discutindo, um pouco sem rumo, sobre as injustiças do mundo. Os comunistas perceberam nossa preocupação e me deram um livro chamado "Dicionário das Questões Sociais" para ler. Depois eles falaram que para entender o que estava escrito no livro era preciso organizar um partido de trabalhadores. Um partido para defender os interesses dos trabalhadores. Aí eu peguei o Pedro Carneiro, peguei o Geraldo de Souza e fizemos a primeira reunião do Partido. Foi em 1932.

Dimas Perrin, militante do Sindicato dos Gráficos, chegou ao Partido Comunista pelas mãos de amigos que eram militantes comunistas e que insistiam em lhe convencer da necessidade de *construção de um mundo mais solidário*.

> Meu primeiro contato com o comunismo se deu quando eu tinha dezesseis anos através de dois colegas gráficos, o Nelson Cordeiro e o Rossini. Os dois eram comunistas conhecidos mesmo. O Nelson Cordeiro me falou o seguinte. A solução para livrar o mundo da injustiça é a mudança de regime e isso nós vamos conseguir com a revolução socialista [...].
>
> Os dois começaram a fazer minha cabeça, comecei a freqüentar o sindicato [...].Depois eu fui apresentado ao Fernando Lucena, um comunista pernambucano que veio para Belo Horizonte e que entendia tudo sobre marxismo. Eu fui a uma reunião promovida por ele na qual ele falou poucas palavras, mas eu me lembro nitidamente do que ele disse:
>
> – A nossa luta se baseia muito na solidariedade mutua e universal. Nós temos que ser unidos. Nós não temos dinheiro, não temos nada, só temos a convicção de nossos ideais. Nós temos que ser solidários uns com os outros e nós brasileiros com nossos irmãos do resto do mundo."Aquilo eu gravei, eu fiquei firme com aquilo. Nunca mais me afastei dessas convicções.

Evaristo Garcia, que aderiu ao partido quando era jovem e morava em Cataguases, no interior do Estado de Minas Gerais, teve seus primeiros contatos com militantes do PCB quando conseguiu emprego como vendedor de livros. Buscava os livros no Rio de Janeiro e os vendia em sua cidade.

> Eu precisava de emprego e aí fui trabalhar nesse negócio de comissário de venda de livros do Editorial Vitória. Eles me davam 20% de comissão. Na editora eu tive contato com os primeiros comunistas que eu conheci. E as pessoas que encomendavam os livros eram comunistas também. Quando eles começaram a comprar livros na minha mão era conversa a noite toda, o dia inteiro. Eu chegava, trazia o livro, entrava e batia papo. Eles estavam fazendo a minha cabeça. Acabei entrando para uma célula do PCB.
>
> Como eu já era preocupado com o setor da justiça aquilo veio a calhar. Eu por alguma razão condenava a injustiça que existia no sistema capitalista, que era selvagem mesmo. Eu queria acabar com a fome, reformar o mundo.

Alguns conteúdos comuns dos fragmentos das narrativas acima reproduzidas evidenciam que a identificação prévia com os valores da solidariedade e da justiça social motivou os depoentes a se aproximarem do PCB. Tais valores foram posteriormente atualizados e trabalhados à luz da teoria marxista, mas continuaram a prevalecer como eixo norteador central de sua militância no partido.

## Ser visionário, ser utópico, ser solidário: ser comunista

Entranhado na identidade comunista, o conceito de solidariedade pode, portanto, ser identificado tanto como fator expressivo de agregação partidária como de fortalecimento da representação que os comunistas têm de si próprios. Dulce Pandolfi, afirma que "em geral o sentimento de pertencer a um partido comunista é tão forte que, diante desse fato, todos os demais pertencimentos tornam-se menores" (PANDOLFI, 1995, p. 37). E pertencer a um partido comunista significa, antes de tudo, *para os próprios comunistas*, ter um espírito visionário e compartilhar sentimentos projetivos de renovação do mundo pela implementação da justiça social e da solidariedade para com a humanidade, em geral, e para com os operários e camponeses, em particular.

A memória de ex-militantes do Partido Comunista Brasileiro residentes no Estado de Minas Gerais encontra-se povoada por sentimentos de pertencimento a um partido que tinha na projeção de um futuro alternativo ao presente sua principal característica. Movidos pela utopia de construção de um futuro igualitário para a sociedade humana, os comunistas abdicavam de interesses pessoais para participar da luta pelo futuro. Não de seu futuro como indivíduos, mas, sim, do futuro da humanidade como um todo.

Inserida nessa perspectiva de transformação da realidade, a representação (autoimagem) dos comunistas sobre si mesmos inclui, além dos aspectos acima expostos, uma série de outros valores concernentes ao predomínio do valor da solidariedade. Entre eles destacam-se, de acordo com Pandolfi (1995), o desprendimento, o heroísmo e a abdicação.

Tais qualidades são identificadas como necessárias a uma postura revolucionária, através da qual os interesses coletivos devem se sobrepor aos individuais. Na verdade, o que sempre orientou a ação dos comunistas, segundo os depoimentos colhidos, foi a luta contra a opressão. E o que os levou a integrarem-se a essa luta foram razões – ainda que primeiramente intuitivas – segundo as quais somente a ação coletiva, estimulada pela solidariedade, poderia levar à superação das injustiças inerentes ao capitalismo.

Sem terem conhecimento profundo ou mesmo alguma iniciação à teoria marxista, esses comunistas do Estado de Minas Gerais, ao ingressarem no partido, mesmo que por vias não ortodoxas, como a leitura da Bíblia e de encíclicas como a Mater Et Magistra, compartilharam o forte sentimento de se tornarem sujeitos da História.

Nesse sentido, a data ou ocasião de entrada no partido é identificada por todos eles como um momento especial, no qual tornaram-se sujeitos ativos nas lutas pelas transformações sociais, econômicas e políticas de seu tempo e, portanto, do futuro da humanidade.

Pandolfi, ao analisar o perfil e os valores dos comunistas, atenta, com pertinência, para a data de seu ingresso na militância partidária, identificando que, para muitos dos militantes, essa ocasião foi sempre especial – se não sagrada –, representando uma guinada nas suas vidas e simbolizando uma possibilidade real de libertação. Ilustrou sua análise com uma afirmativa do militante Pedro Sabarábussu, publicada pelo jornal *O Paíz*, de 1923. As palavras de Sabarábussu, abaixo reproduzidas, traduzem emoções fortes comuns a todos que posteriormente aderiram à causa comunista. Para eles, a entrada no partido, como demonstram narrativas incorporadas a este texto, representou sua libertação.

> O dia de adesão de um proletário ao Partido Comunista deve ser considerado por ele como um dia sagrado; é o dia da sua libertação moral e mental, o dia em que começa a dedicar-se à causa mais digna dentre todas as que agitaram a humanidade [...].

Tal causa é a da luta revolucionária, transformadora do mundo, através da qual o futuro utópico pode se converter em realidade. Aliás, a noção de tempo para os comunistas é caracterizada por um significado muito especial, já que para eles, com certeza, o presente contém o futuro. Em decorrência dessa concepção, a necessidade de desprendimento no presente não é identificada como um sacrifício inútil, mas, sim, como uma prática construtiva da libertação.

Se para o marxismo, que é filho do Iluminismo, o futuro da humanidade depende da capacidade do homem compreender o mundo para controlá-lo racionalmente, para esses militantes comunistas sua adesão ao Partido Comunista se deu não pelo predomínio da razão pura, mas, sim, por uma crença intuitiva nos valores da solidariedade social. Somente algum tempo após sua adesão à militância partidária é que a teoria marxista seria estudada de forma mais sistemática. Portanto, o aprendizado desse conjunto teórico decorria, predominantemente, não das motivações racionais que muitas vezes estimulam o conhecimento, mas de uma convicção segundo a qual o caminho para um mundo mais justo lhes poderia também ser apresentado pela teoria marxista e pela militância partidária.

# A longa noite das atas secretas: cassação de deputados operários Minas Gerais (1964-1998)

> *Nós somos o tempo em que vivemos [...]. Vivemos nos três momentos, da espera, da atenção e da memória, e um não existe sem o outro. Você não consegue se projetar para o futuro porque perdeu o seu passado.*
> (Umberto Eco)

Brasil anos sessenta: um turbilhão de imagens e acontecimentos atravessa a trajetória do tempo em busca de registro e interpretação. Trata-se de um desafio sempre presente a solicitar aos historiadores e cientistas políticos que tragam o melhor de sua contribuição para o entendimento de diferentes aspectos e características de uma conjuntura complexa e ainda não suficientemente analisada.

A década de 1960, especialmente na sua primeira metade, caracterizou-se pela efervescência política e por constantes manifestações e mobilizações populares, em especial, por mobilizações, estudantis, camponesas operárias e sindicais. Tais manifestações provocaram virulenta reação de setores da sociedade política e da sociedade civil que faziam forte oposição ao governo trabalhista de João Goulart e aos projetos reformistas e nacionalistas reivindicados pelos movimentos sociais.

No seu conjunto, os anos de 1960 podem ser identificados como um período complexo, marcado pelo cultivar de utopias reformistas e revolucionárias. Foram também caracterizados, após a deposição do presidente João Goulart em 1964, pela frustração dos projetos que animaram inúmeros segmentos da sociedade brasileira a lutar por transformações na estrutura produtiva do País e pela adoção de políticas públicas que priorizassem programas econômicos e sociais, nacionalistas, desenvolvimentistas e distributivos.

Dessa forma, quando em 1964 o projeto econômico nacional desenvolvimentista foi derrotado, a opção por um projeto econômico desenvolvimentista, internacionalizado e calcado na concentração de renda tornou-se predominante. Um regime político autoritário também foi instituído, e aos poucos se aprofundou, trazendo consigo a marca do desrespeito aos direitos civis, políticos e sociais.

Todavia, para alguns líderes operários de Minas Gerais, os abusos discricionários peculiares a qualquer prática autoritária começaram dois dias antes do desencadeamento público do movimento político militar que procedeu ao rompimento da ordem constitucional. No dia 30 de março, a Polícia Militar do Estado de Minas Gerais, "em caráter preventivo", prendeu os sindicalistas e deputados estaduais Clodesmidt Riani, que também era presidente do Comando Geral dos Trabalhadores do Brasil, e Sinval Bambirra, presidente da Federação dos Trabalhadores nas Indústrias Têxteis de Minas Gerais. Nessa data, começou para os então deputados operários uma longa noite, tornada mais densa após a cassação de seus mandatos parlamentares, no dia 8 de abril, por seus colegas da Assembleia Legislativa de Minas Gerais. Uma longa noite, que só se encerraria trinta e quatro anos depois, em 1998.

Trinta e quatro anos de espera. Um extenso período no qual as atas secretas referentes ao processo sumário de cassação dos deputados e sindicalistas Riani, Bambirra e José Gomes Pimenta (Dazinho) ficaram guardadas a sete chaves pela própria Assembleia Legislativa de Minas Gerais.

O presente texto, que busca na história elementos constitutivos da memória social, tem como objetivo analisar a trajetória sindical e política desses líderes operários, considerando suas interseções. Baseado quase que exclusivamente em fontes primárias – *processo de cassação e depoimentos de história de vida* – objetiva contribuir para divulgar informações de natureza histórica sobre o processo de discriminação social e política por que passaram no início dos anos de 1960 ao serem cassados pela Assembleia Legislativa de Minas Gerais.

## *O tempo e a trajetória dos deputados operários: do mundo do trabalho ao mundo da política*

Para Nobert Elias (1988), o tempo é um símbolo social, e sua conceituação exige um nível elevado de síntese. A dimensão de tempo, por sua vez, compreende a internalização das experiências de vida por indivíduos e o registro social e cronológico dos processos de transformação e conservação pelo movimento da História.

Para Clodesmidt Riani, os trinta quatro anos, interpostos entre sua prisão no final de março de 1964 e sua cassação no início de abril daquele mesmo ano, foram considerados como "uma longa noite": a longa noite das atas secretas. Um tempo histórico no qual muitas transformações ocorreram no Brasil. Um período, a princípio de amordaçamento da sociedade civil, sucedido por suave distensão e, em seguida, por uma efetiva abertura política, coroada em 1985 pela eleição de um presidente civil e em 1988 pela promulgação de uma nova Constituição para o País.

Na conjuntura da década de 1980 e no período que imediatamente a sucedeu, inúmeros documentos relativos ao período autoritário foram aos poucos sendo divulgados. Mas o Poder Legislativo de Minas Gerais conseguiu reter por mais dez anos a divulgação das atas referentes ao rito sumário de perda de mandato dos operários sindicalistas, que chegaram àquela Casa nas eleições proporcionais de 1962.

Como explicar que em um período democrático tal documentação tenha ficado retida por tanto tempo? Como explicar que mesmo tendo sido reeleito deputado estadual em 1982 e tendo exercido seu mandato de 1983 a 1986, Clodesmidt Riani não tenha conseguido acesso à referida documentação? Como explicar, que, apesar de ter utilizado recursos legais, Bambirra só tenha tido acesso a uma parte da documentação do processo, excluídas as atas secretas? Com certeza tal explicação vincula-se a diferentes fatores. Talvez valha a pena indagar sobre eles, mas com certeza a história do acontecido, traduzida neste texto pelos termos do processo de cassação e pelas vozes de depoimentos de história oral, possa revelar por si mesma as razões de tão prolongado silêncio.

As trajetórias sindical e política dos trabalhadores Clodesmidt Riani, José Gomes Pimenta (Dazinho) e Sinval Bambirra encontraram-se ao final da década de 1950 e no início dos anos de 1960.

Riani, originário da pequena cidade de Rio Casca, na região da Zona da Mata de Minas Gerais, tornou-se operário eletricista na cidade de Juiz de Fora para onde se mudou ainda na juventude. Juiz de Fora era uma cidade que, no período de 1940 a 1970, tinha uma classe operária numericamente expressiva, já que era sede de inúmeras indústrias nos ramos de alimentação e da tecelagem. A tradição operária da cidade era também muito combativa e a maior parte de seus trabalhadores possuía forte vinculação com o trabalhismo e com o PTB.

Influenciado pelo clima político de uma cidade "que por um lado associava o colorido da vida interiorana a um incessante movimento, político, sindical e trabalhista". Clodesmidt Riani filiou-se ainda muito jovem ao Partido Trabalhista Brasileiro. Considerava-se petebista, getulista e janguista "por convicção" e "anticomunista, por não acreditar nos valores do materialismo". Sua trajetória sindical foi muito rápida e alcançou projeção nacional e internacional. De presidente do Sindicato de Carris Urbanos de Juiz de Fora, chegou à presidência da Confederação Nacional dos Trabalhadores na Indústria (CNTI) e à presidência do Comando Geral dos Trabalhadores no Brasil. Participou de várias Conferências da Organização Internacional do Trabalho (OIT) e de outros congressos internacionais de trabalhadores. Eleito deputado estadual em 1962 pelo PTB, fez de seu mandato à Assembleia Legislativa um dos instrumentos de defesa das reformas de base, pelas quais a maioria dos sindicatos brasileiros lutava no início dos anos de 1960.

José Gomes Pimenta também nasceu no interior de Minas Gerais, em Nossa Senhora do Patrocínio de Guanhães, pequena localidade de economia basicamente rural. Foi jornaleiro em Belo Horizonte, estivador no porto de Santos; de volta a Minas Gerais trabalhou em posto de gasolina e finalmente fixou-se, de forma definitiva, em Nova Lima, onde se empregou como operário da mineração de ouro da *Saint John del Rey Mining Company*. Em 1946 iniciou sua militância no Sindicato dos Trabalhadores na Indústria da Exploração de Ouro e Metais Preciosos de Nova Lima, do qual se elegeu secretário em 1953 e presidente em 1961. De profundas convicções cristãs, era filiado à Ação Católica através da Juventude Operária Católica (JOC). Em decorrência, sentia sincero incômodo quando era chamado de comunista.

> Eu era ligado à JOC. No início eu me sentia muito agredido quando me chamavam de comunista. Eu não tinha nenhuma formação ideológica a ponto de ter discernimento do que era ser chamado de comunista e de ser verdadeiramente comunista. Posteriormente eu passei a me importar pouco com o que eles me chamavam, porque não era comunista, mas também não era anticomunista [...]. Os comunistas defendiam o evangelho muito melhor do que os cristãos. (LE VEN, 1998, p. 108)

Era também, segundo sua própria avaliação, antigetulista e antipetebista:

> Sei que Getúlio era um mito e estava tentando criar o Jango. Nunca fui getulista, o que era uma raridade para os trabalhadores. Podiam não ser petebistas, mas getulistas eram. Eu não fui nenhum dos dois, graças a Deus. (LE VEN, 1998, p. 115)

Sinval Bambirra nasceu em Ponte Nova – MG e desde muito pequeno trabalhou na roça – "acompanhando meu pai que era lavrador." Na adolescência transferiu-se para Belo Horizonte, onde trabalhou como entregador do Mercado Central e onde fez seu curso médio profissionalizante. Em seguida empregou-se como operário tecelão, profissão que exerceu até ser preso em 1964. Foi presidente do Sindicato dos Trabalhadores nas Indústrias de Fiação e Tecelagem de Belo Horizonte e da Federação dos Sindicatos da mesma categoria de Minas Gerais. Bambirra, em razão da forte influência paterna, tornou-se comunista:

Desde criança eu segui as pegadas de meu pai [...] extraordinário homem [...]. Me transmitiu o espírito de combatividade, não aceitava de forma alguma a opressão [...]. Meu pai era um homem de formação comunista. Formação marxista, uma formação muito sólida que valorizava a solidariedade [...]. Eu estava sempre com ele, e fui assimilando, assimilando aquela preocupação dele de como mudar aquele estado de coisas, não é?

Como o PCB era ilegal, filiou-se ao PTB, legenda pela qual elegeu-se deputado estadual em 1962.[1] Defensor convicto das reformas de base e de um projeto econômico desenvolvimentista/nacionalista para o Brasil, fez coro com Riani e Dazinho quando do exercício de seu mandato à Assembleia Legislativa de Minas Gerais.

A trajetória e o destino desses líderes sindicais que tinham convicções ideológicas de origem diversa cruzaram-se, de forma definitiva. Primeiro, no campo do próprio movimento sindical, uma vez que naquela conjuntura, trabalhistas, comunistas e católicos progressistas integraram-se a uma mesma frente de luta. Logo em seguida, na Assembleia Legislativa de Minas Gerais, onde, ao longo da história daquela Casa, foram os primeiros operários a tomar assento. Filhos de uma época na qual a economia brasileira passava por um profundo processo de urbanização, migraram do interior para cidade de médio porte (Juiz de Fora que era polo industrial da Zona da Mata mineira) ou para a própria Capital e sua área metropolitana, onde, segundo depoimento de Bambirra, era mais fácil estudar e arranjar emprego.

Todavia, os empregos aos quais Riani, Bambirra e Dazinho tiveram acesso localizavam-se no que se pode denominar setor tradicional da indústria (indústria têxtil), setor de extração (mineração) e setor de serviços (energia elétrica). Nenhum deles se vinculou às novas indústrias de ponta ou de bens de consumo duráveis que surgiram na década de 1950. Sua trajetória sindical foi inevitavelmente marcada por uma prática de base trabalhista/getulista – que era comum aos operários das empresas vinculadas a esses setores –, prática na qual o Estado era identificado como interlocutor privilegiado dos trabalhadores.

Mas, se suas crenças religiosas e suas convicções ideológicas eram diferentes, comungavam a concepção e o entendimento de serem as questões macroeconômicas e macrossociais as principais bandeiras de luta pelas quais o movimento sindical deveria se empenhar. Para eles, portanto, a interlocução das organizações sindicais com o governo Federal era inevitável,

---

[1] Os dados biográficos de Riani, Bambirra e Pimenta foram buscados em seus depoimentos de história de vida prestados ao Programa de História Oral da UFMG e também em: MONTEIRO, Norma de Góis (Coord). Dicionário Biográfico de Minas Gerais. Belo Horizonte: Assembléia Legislativa de Minas Gerais – UFMG, 1994.

pois as principais reformas no campo da economia e da vida em sociedade deveriam passar pelo crivo tanto do Poder Executivo como do Poder Legislativo federais. Contudo, se às vésperas de 1964 o diálogo de sindicalistas com a Presidência da República fluía com bastante facilidade – o vínculo partidário do presidente Goulart situava-se no espectro da frente de organizações das sociedades civil e política que lutavam por reformas estruturais – o mesmo não acontecia em relação aos governos estaduais dos principais Estados da federação, que faziam contundente oposição ao governo trabalhista de João Goulart e, em decorrência, não se mostravam disponíveis à realização de quaisquer entendimentos com sindicalistas de tendência nacionalista reformista.

Em Minas Gerais o Poder Executivo estava nas mãos da União Democrática Nacional (UDN), partido que era um dos carros-chefes das diferentes organizações que faziam oposição ao governo federal. A Assembleia Legislativa desse Estado, por sua vez, era composta por uma maioria de parlamentares vinculados ao governador Magalhães Pinto. Tais parlamentares, também se vinculavam à frente de oposição ao governo central e repudiavam o hábito de interlocução do presidente Goulart com os trabalhadores. Definiam tal prática como atitude peculiar a um populismo demagógico.

Em 1962, às eleições para o Poder Legislativo mineiro se apresentaram três candidaturas bastante diferentes do perfil dos candidatos, que tradicionalmente se concorriam a uma das vagas da Assembleia Legislativa. Tratava-se dos sindicalistas Riani, Bambirra e Dazinho, que, impulsionados pela projeção que haviam alcançado em sua militância sindical, objetivavam ampliar seu espaço de atuação do mundo do trabalho para o universo da política institucional. Bambirra assim definiu as razões de sua candidatura:

> A minha candidatura foi praticamente uma imposição. Uma imposição porque nasceu lá nas fábricas mesmo. Eu me lembro de que fizeram listas e encaminharam ao PSD, ao PTB, pedindo que eu fosse incluído, e com apoio dos outros sindicatos, federações [...]. Minha votação foi expressiva. Eu fui um dos mais votados do Estado. Eu não me lembro de quantos votos, mas eu fui considerado um dos bons de voto [...]. Eu pretendia colocar meu mandato a serviço da classe trabalhadora, e assim foi feito. Era da porta da fábrica para a Assembleia e da Assembleia para a porta da fábrica.

Já Riani, ao se referir ao mesmo processo, ressalta sua compreensão de que, àquela época, sua eleição como deputado estadual fazia parte de um processo mais amplo, representado pela possibilidade inédita de participação da classe operária nos poderes instituídos do País:

> Eles fizeram a revolução numa hora que nós estávamos, de fato, a classe operária, já participando de certos cargos no governo. Cargos conquistados por eleição (refere-se aos mandatos de deputados) e cargos conquistados por pressão do movimento sindical. (Refere-se à participação de sindicalistas na direção dos Institutos de Previdência Social).

Finalmente Dazinho, que se elegeu deputado estadual pela legenda do Partido Democrata Cristão (PDC), lembra que até 1960 tinha compreensão de que trabalhador não devia participar da vida política. Tal postura decorre, com certeza, da introjeção, por sua parte, de um discurso muito difundido pelas elites políticas, inclusive pelo próprio Getúlio Vargas de que a política partidária não se constituía como espaço ideal para participação de trabalhadores.

> Achava que trabalhador não tinha que se meter em política partidária até 1960 mais ou menos [...]. Eu achava que trabalhador não tinha que mexer com política não. Tinha era que mexer com os "trem" do sindicato mesmo.
>
> Eu perdi um tempo, um tempo muito grande que eu podia ter aprendido muita coisa, podia ter participado. Hoje eu faço autocrítica, foi uma posição errônea. Não era só minha, era da maioria dos trabalhadores [...]. E depois que enfiei na política partidária é que acabei descobrindo que eles queriam exatamente isso, que nós continuássemos afastados [...].

E ainda:

> Mas eu entrei na campanha para deputado estadual e comecei a desenvolver a campanha naturalmente em Nova Lima, que é onde eu estava saindo da presidência do sindicato em 1962 [...]. A minha eleição quem garantiu foram os estudantes, do estado inteiro [...]. Eu tive muito pouco voto de operários, a não ser em Belo Horizonte [...]. É porque operário não vota em operário. Eles acham que operário não tem capacidade, não tem condições de administrar o mandato... (LE VEN, 1998, p. 107, 112, 113)

A memória dos três ex-deputados em relação à sua eleição tem em comum um registro claro de que sua origem operária era uma excrescência em relação à tradição da política nacional e principalmente mineira, estruturalmente marcadas por um atávico conservadorismo. Representava também um marco de renovação. Renovação integrante às características de uma conjuntura na qual a sociedade civil ganhava força política e redimensionava sua participação no terreno da política.

Os desdobramentos da estreia dos operários sindicalistas no universo da política institucional não tardaram a se manifestar. Suas lembranças quanto ao período de seu mandato parlamentar são permeadas por forte sentimento de exclusão e discriminação.

Assim Dazinho refere-se ao seu mandato:

> Quando estava feita a campanha, eu pensava, eu acreditava que a gente pudesse fazer alguma coisa. Mas depois que eu cheguei lá dentro eu fiquei completamente decepcionado e constrangido.....Todos demonstravam que você era um zero à esquerda. Lembro de alguns nomes: Hélio Garcia, Carlos Eloi, Aureliano Chaves, Artur Pereira, Bonifácio Andrada, esse que está até hoje aí. Conseguiram nos marginalizar porque o que um deles pensava contra nós, os outros todos pensavam. Então éramos massacrados lá dentro [...]. Nós éramos peixes fora d'água. (LE VEN, 1998, p. 113-114)

Mas as palavras mais contundentes quanto à prática da discriminação brotaram da memória de Bambirra sobre o período:

> O mandato como deputado foi fácil e foi difícil ao mesmo tempo. Você lidar com aqueles cobras todos. São grandes juristas, grandes empresários, professores, homens de outro mundo. Nós representávamos um mundo, e eles outro mundo, de tal sorte que a nossa presença incomodava realmente. Não só a presença, mas a mensagem que a gente levava. Aí é que provocava um certo escândalo. A nossa palavra. A nossa palavra muito viva ali, representando os interesses dos trabalhadores, do povo e da cidade.

E ainda:

> A repercussão de nossa atuação redundou na cassação do mandato [...]. Nós, eu Riani e o Dazinho no meio de oitenta, de mais de oitenta e um deputados. Nós éramos oitenta e quatro. Naquela oportunidade nós representávamos um escândalo. Três operários, meu Deus! O Dazinho a três mil metros no fundo da Mina de Morro Velho, o Riani é o homem do poste, eletricista, e eu lá do interior, do tear duma fábrica de tecidos. Foi um escândalo realmente. E nós cumpríamos um mandato muito bonito mesmo. Foi a primeira cassação do País, no dia oito de abril.

De fato, o incômodo provocado pela presença dos três líderes operários no Legislativo mineiro era muito forte. Alguns dos parlamentares que participaram do movimento pela cassação dos três deputados, quando da divulgação das atas secretas em 1998, de forma um pouco velada e sutil, assim se expressaram sobre os acontecimentos do período. Suas palavras foram bem pensadas. Todavia, não deixam de traduzir o sentimento de mal-estar diante do que representou a eleição e a atuação dos deputados Riani, Bambirra Dazinho. Traduzem também o clima de profunda polarização política e ideológica que marcou aquela conjuntura.

> Tenho uma posição muito definida: os três eram meus adversários na Assembléia. Todo dia discutíamos em plenário porque não concordava com os métodos deles de fazer política [...]. Dazinho, Riani e Bambirra exploravam os trabalhadores e nunca faziam nada por eles. (RENY RABELO)
>
> Ideologicamente eu sou o mesmo. Aquele período era vivido como uma questão de vida ou morte e, portanto, cada um tinha que tomar um rumo. Eu não fui obrigado a nada. (ATHOS VIEIRA)
>
> As circunstâncias da época não admitiam outra alternativa. Era crer ou morrer e a Assembléia tomou o caminho menos oneroso. (MURILO BADARÓ)
>
> Pensava que o grupo ligado aos cassados acabaria com a soberania nacional e implantaria o regime comunista no país. (BONIFÁCIO ANDRADA)

Mas Andrada, de acordo com o Jornal O Tempo, afirmou também que não votaria a favor da cassação em 1964 se "tivesse dados na consciência" que naquela época disse não ter tido a oportunidade de contar com eles.

Uma "câmara ardente" é como Paulino Cícero descreveu o clima da Assembleia Legislativa na época da cassação.

> É muito difícil pintar com cores bem nítidas a atmosfera de terror que se vivia naquele tempo cujo alvo principal era a Assembléia. Quiseram fazer de Minas uma espécie de laboratório para intimidar o Brasil.[2] (PAULINO CÍCERO)

No conjunto, apesar de traduzirem convicções, sentimentos e lembranças de personagens muito diferentes, as palavras dos deputados operários e dos parlamentares que cassaram seus mandatos referem-se, cada uma expressando pontos de vista social e políticos opostos, a um mesmo clima político. Clima marcado por divergências profundas decorrentes em grande parte da perspectiva real de se tornar realidade um potencial clima renovador na forma de participação política, que ameaçava romper com fórmulas já consagradas, que reservavam o campo da política institucional para segmentos restritos da sociedade brasileira.

---

[2] As declarações foram publicadas pelo jornal diário de Belo Horizonte, "O Tempo", em 19 de abril de 1998, Caderno Especial, p. 7, na semana de divulgação das atas secretas.

## Tempo de exclusão: rito secreto – rito sumário

No dia 15 de abril de 1998, vinte e sete dos quarenta e nove deputados presentes no plenário da Assembleia Legislativa do Estado de Minas Gerais aprovaram o parecer especial para abertura dos documentos de todas as reuniões secretas ocorridas naquela Casa Legislativa ao longo do mês de abril de 1964. No conjunto dessa documentação estavam também as atas das reuniões que decidiram pela cassação de Riani, Bambirra e Pimenta. Além disso, foram também localizadas pastas nas quais se encontram os demais documentos do processo, entre os quais se destacam: requerimento dos deputados Athos Vieira, Valdir Melgaço e outros, solicitando a cassação dos três deputados; convocação da reunião secreta; depoimento das testemunhas de acusação; cópias de fichas do departamento de Vigilância Estadual; peças das defesas dos deputados – escritas por eles na prisão, sem assessoria de advogados e sem possibilidade de consulta a quaisquer documentos; parecer da Comissão de Justiça da Casa sobre a representação apresentada propondo a cassação; declarações de votos em separado de alguns deputados, inclusive do Deputado Dermeval Pimenta, que aderiu à iniciativa, em nome da bancada do Partido Trabalhista Brasileiro.

O cronograma do processo de cassação foi assustadoramente rápido. Num prazo de menos de dois dias, em torno de sessenta deputados subscreveram o requerimento que propunha a cassação dos deputados. Não se passaram mais cinco dias, e Clodesmidt Riani, Sinval Bambirra e José Gomes Pimenta haviam perdido seus mandatos. Por unanimidade dos deputados presentes à reunião de oito de abril, foi aprovada resolução que os impediu, a partir de então, de exercer qualquer função legislativa na casa parlamentar de Minas Gerais. Por consequência, também perderam a imunidade parlamentar.

### CRONOLOGIA

30-03-1964 – A Polícia Militar prendeu os líderes sindicais Bambirra e Riani – Dazinho estava trabalhando no interior da Mina de Morro Velho.

31-03-1964 – Dazinho também é preso após discursar na Assembleia Legislativa, denunciando a prisão de seus companheiros.

01-04-1964 – Intervenção militar seguida da deposição do presidente João Goulart torna-se vitoriosa.

03-04-1964 – O deputado Athos Vieira, do Partido Republicano (PR), e outros protocolam requerimento pedindo a cassação dos três deputados, acusando-os de subversão, filiação ao Partido Comunista Brasileiro (PCB) e falta de decoro parlamentar.

06-04-1964 – O requerimento é protocolado na Comissão de Constituição e Justiça da Assembleia. É instalada uma Comissão de Inquérito.

07-04-1964 – Os três deputados, que continuavam presos, são notificados e recebem prazo de vinte e quatro horas para apresentar sua defesa. A CCJ, em reunião extraordinária e secreta, emite parecer favorável à cassação do mandato dos três deputados.

08-04-1964 – A defesa improvisada dos deputados chega à Assembleia. Ao processo são acrescentados depoimentos de testemunhas de acusação (militares, delegados da vigilância social, entre outros), além de certidões do Departamento de Vigilância Social. É convocada uma reunião extraordinária para deliberar sobre o assunto. A cassação é aprovada pela unanimidade dos presentes. Em seguida, alguns deputados apresentaram seu voto em separado, o que contabilizou a unanimidade dos votos dos parlamentares mineiros pela cassação de seus colegas.

09-04-1964 – É publicada no Diário Oficial a Resolução 580/64, que determinou a cassação dos três deputados processados e a convocação de seus respectivos suplentes.

Como demonstrado pela cronologia supracitada, foi espantosa a dinâmica dos procedimentos. Do pedido de cassação à instalação da Comissão de Inquérito e à cassação definitiva dos mandatos, não decorreram cinco dias completos. Espanta também o fato de não ter sido ouvido um depoimento sequer favorável aos deputados.

Os argumentos da representação que solicitava a cassação dos mandatos foram diretos e claros, ressaltando questões relativas "à ameaça do comunismo" e à necessidade da "democracia por em prática o seu dispositivo de defesa"

> Considerando que os deputados Sinval Bambirra, José Gomes Pimenta e Clodsmidt Riani são reconhecidamente comunistas, conforme comprovam, além de outros documentos, os pronunciamentos que fizeram nessa Assembléia, de acordo com registros nos seus Anais, pronunciamentos esses atentatórios ao decoro parlamentar e com ele incompatíveis.
>
> Considerando que é nosso dever defender e preservar o regime democrático, esperamos, que obedecidos os trâmites legais, sejam cassados os mandatos dos senhores deputados [...].
>
> (03-04-1964)[3]

---

[3] Trechos da Cópia Autêntica da Representação para Cassação dos Mandatos dos Senhores Deputados Sinval Bambirra, José Gomes Pimenta e Clodesmidt Riani.

Os termos do Parecer da Comissão de Constituição, Legislação e Justiça reforçaram os argumentos do requerimento. Dessa forma, o parecer destacou o seguinte:

> A ligação dos mencionados deputados com o Partido Comunista Brasileiro, posto fora da lei pelo Supremo Tribunal Federal, está provada nestas certidões do Departamento de Vigilância Social. Essas atividades atentatórias à ordem jurídico – constitucional e ao regime democrático – tornam os procedimentos dos referidos deputados incompatíveis com o decoro parlamentar.[4]

O documento que determinou a tramitação do processo e, portanto, o rito sumário e secreto é uma peça incompatível com qualquer procedimento justo e regular. Além disso, por se referirem a uma questão extremamente complexa, suas definições quanto à regulamentação dos passos da tramitação do processo são, absolutamente, inadequadas. Do documento constam as seguintes definições, entre outras: *que os acusados terão prazo de vinte quatro horas para se defenderem; que na Comissão de Constituição, Legislação e Justiça se observem as seguintes normas dentre outras: prazo improrrogável de três dias para os relatores apresentarem seus pareceres; aos pareceres não se concederá vista; a votação dos pareceres terá apenas um encaminhamento, pelo prazo de cinco minutos; a reunião será secreta* (até mesmo sem a presença de taquígrafos – a ata muito sumária encontra-se redigida à mão).

Quanto à defesa apresentada pelos deputados, cabe destacar que seus termos diferem muito de um para outro. Sinval Bambirra, o mais contundente dos três, aproveitou o texto para denunciar as irregularidades do processo, afirmar sua condição de deputado legalmente eleito por um partido oficial – o PTB – reafirmar a legitimidade de seu mandato e sua condição de deputado comprometido com os trabalhadores. Entre os trechos de seu arrazoado destacam-se:

> Como deputado que pude atuar até agora – um ano e pouco – estranho positivamente tal processo, sua rapidez e seu conteúdo profundamente cheio de injustiça e maldade – comigo e com a classe que para lá me mandou. Conheço projetos que estão empoeirados, mofando há tempos e que não andam [...].
> Não tenho pretensão de, nestas rápidas linhas, sem ter condições de consultar livros, avistar-me com um advogado (a comissão de deputados que esteve aqui ontem proibiu que eu

---

[4] Trecho da Cópia Autêntica do Parecer da CCJ sobre a Representação Relativa à Cassação dos deputados. Faziam parte da CCJ: João Navarro, Jorge Vargas, Artur Fagundes, Manoel Costa, Jairo Magalhães, Hélio Garcia e Geraldo Quintão.

> avistasse um advogado.) Está certo isso? Onde está a justiça desse ato? Mesmo porque não sou homem de cultura. A vida deu-me alguma experiência – só. Estou privado de ter advogado que a lei assegura. Seja o que Deus quiser.
>
> O mandato popular é coisa séria e não pode ser encarado com a simplicidade que se verifica. Meu mandato é tão legítimo como o de qualquer outro colega [...].
>
> Sou filiado ao Partido Trabalhista Brasileiro desde fins de 1953, ou princípio de 1954. Pertenço há muito tempo ao diretório do PTB da capital. E na última convenção fui eleito para o Diretório Estadual [...].[5]

Riani também registrou a impossibilidade de se defender de forma adequada, por se encontrar preso. Negou de maneira contundente qualquer ligação com o Partido Comunista Brasileiro, afirmou nunca ter ferido o decoro parlamentar e defendeu o direito dos trabalhadores se organizarem e fazerem greves.

> Embora em pleno gozo de minhas prerrogativas constitucionais, como deputado e como cidadão, estou impossibilitado de fazer qualquer defesa, porque me encontro preso, não podendo locomover-me em providências de coleta de provas, que pudessem fornecer subsídios a essa douta Comissão para exame dos fatos.
>
> Não posso, igualmente aceitar a alegação de que sou, "reconhecidamente comunista", pois jamais me reconheci nesta qualidade [...]. Nunca fui comunista e penso que nunca serei [...]. Não sou simpatizante do credo vermelho. Sou, isto sim, democrata e cristão e estou em paz com minha consciência. Cassem o meu mandato, mas não cometam injustiça. Não queiram me forçar a ser o que não sou [...].
>
> Todos sabem que nunca fui, não sou comunista e nunca agi em movimentos comunistas. Sempre pertenci ao Partido Trabalhista Brasileiro, agindo dentro das diretrizes deste partido [...].
>
> Greve é direito constitucional. O seu exercício, em defesa dos interesses privativos dos trabalhadores, ou das próprias instituições que o asseguram, é um dever sempre que faltarem outros meios. O voto livre foi conquistado, por inúmeros povos, com a greve. A valorização do trabalho humano igualmente. Deve pois o trabalhador se opor com a greve, até mesmo com

---

[5] Trechos da cópia autêntica do texto de Defesa de Sinval Bambirra, assinada no Quartel da Divisão de Infantaria (DI) em 08-04-1964.

seu próprio sacrifício pessoal, a toda e qualquer tentativa de supressão definitiva ou transitória das franquias constitucionais ou liberdades públicas [...].[6]

Finalmente, cabe analisar a defesa de José Gomes Pimenta, a menos elaborada e detalhada das três que foram apresentados à Assembleia. Seus termos são de uma singeleza comovedora. Em apenas três páginas, através de um texto sumário, citou o Evangelho, a doutrina social da Igreja, reafirmou suas convicções de cristão e a certeza de que seu mandato estava a serviço de Deus e da Nação.

> Não pretendemos defender-nos, mas com o devido respeito faremos aqui algumas considerações, a fim de que possamos ficar tranquilos, por não omitir na hora necessária. O homem só está tranquilo com sua consciência, se está em paz. Em nosso caso só Deus representa a paz e nós estamos em paz. Sendo de origem pobre, a ela nos mantemos fiel, defendendo seus direitos em todos os instantes, conforme a doutrina social da Igreja.
>
> Quanto a nós julgávamos servir a Deus e à nação, servindo-nos de um mandato dado pelo povo, a fim de ajudar-lhes, esclarecerem-se, organizarem-se, para juntos livrarmos a pátria, da peste da fome, doença, nudez, analfabetismo, falta de teto, elevando-a para o desenvolvimento e a seu povo a dignidade de pessoa humana.
>
> No desempenho do mandato usamos a virilidade da verdade, mas sem ódio, apesar do ardor causado pelas mágoas do sofrimento de nossa origem, mas o ódio não supera o amor e o nosso amor à cauda certa e consciente jamais nos levaria a tomar outra posição que a de cristão.

Mas, como as peças da defesa só serviram para se evitar que alguém pudesse questionar a regularidade dos procedimentos, com certeza, não chegaram a ser considerada em seu conteúdo, e, no mesmo dia em que foram anexadas ao processo, ocorreu a cassação do mandato dos três deputados. Daquela data em diante, sem a proteção que lhes garantia a imunidade parlamentar, ficaram completamente vulneráveis, amargando anos seguidos de humilhações, violências, prisões e exílio.

Bambirra após ter sofrido inúmeras torturas nos quartéis mineiros, foi julgado e condenado a vinte anos de reclusão. Posteriormente, sua pena foi reduzida pelo Tribunal Superior Militar. Foi solto no início de 1968. Quando ao final desse mesmo ano percebeu que o clima político no Brasil estava muito acirrado e que as perseguições políticas poderiam lhe atingir, protegido pelos

---

[6] Trechos da cópia autêntica do Texto de Defesa de Clodesmidt Riani, assinada em 08-04-1964.

freis dominicanos, exilou-se primeiramente no México e depois na Alemanha Oriental, onde concluiu o Curso de Jornalismo. Em 1979, após dez anos, voltou ao Brasil, na sequência da votação da Lei de Anistia pelo Congresso Nacional.

A trajetória de Riani, após o desencadeamento final do processo de cassação, chegou a ser trágica. Muito visado por ter sido presidente do Comando Geral dos Trabalhadores e por ter ligações próximas com o Presidente deposto João Goulart, não foi poupado um dia sequer. Após ter respondido a Inquérito Policial e Militar (IPM), foi julgado e condenado a dezessete anos de prisão. Mas sua pena também foi reduzida pelo Superior Tribunal Militar (STM) e, no início de 1968, foi solto. Sem mobilidade para sair do País, pois tinha dez filhos, quase todos menores, voltou ao trabalho de eletricista em Juiz de Fora. Mas, logo após a decretação do Ato Institucional nº 5, voltou a ser preso e amargou anos de prisão no presídio de Ilha Grande no Estado do Rio de Janeiro.

Dazinho também foi julgado na mesma ocasião de Riani e Bambirra. Foi condenado a dezoito anos de reclusão. Sua pena, após recurso do advogado, também foi reduzida, e ele voltou para Nova Lima. Quando estava preso, sua família foi largamente apoiada pelo Movimento Familiar Cristão. Eram onze filhos e por isso Dazinho afirma que nunca pensou em sair do Brasil: "Não saio do Brasil. Tenho onze filhos para cuidar"(Le Ven, 1998, p. 133). Mas em Nova Lima não pode voltar à mina, já que a empresa o dispensou. Para sustentar a família, exerceu várias funções: motorista de Kombi, que fazia serviço de lotação, apontador de obra de construção civil, avicultor.

A história narrada neste artigo não teria sido menos trágica se aos seus personagens não tivesse sido negado, por exatos trinta e três anos, acesso às atas do processo. Todavia se revestiu de triste ironia, uma vez que Riani e Bambirra acreditaram, durante todos esses anos, que alguns parlamentares do Partido Trabalhista Brasileiro os haviam apoiado, e que a aprovação da cassação não alcançara a unanimidade dos votos. Quando as atas foram abertas, sua decepção foi enorme.

## *Considerações finais*

Esse acontecimento do qual a Assembleia Legislativa de Minas Gerais foi protagonista insere-se em uma conjuntura muito maior do que a do rompimento da ordem constitucional em 1964. De fato, na década de 1960, não somente o Brasil, mas também o mundo estava polarizado. A inauguração pelo Poder Legislativo mineiro da rotina de cassações que tomou conta do Brasil após 1964 integrou-se a um processo de resistência às mudanças políticas e sociais que, às vésperas da chegada dos militares ao poder, pareciam adquirir um potencial revolucionário. E na verdade o tinham, porque em um País como o Brasil, de tradição ibérica centralizadora, hierarquizada e excludente, operários chegarem ao poder parecia aos olhos de expressivos segmentos da sociedade civil uma excrescência, que precisava ser eliminada. E assim foi feito: Riani, Bambirra e Dazinho, que foram sujeitos históricos de um processo marcado pelos ventos da renovação, foram também vítimas privilegiadas do que paradoxalmente se constituiu como o outro lado da moeda deste mesmo processo: o conservadorismo.

## *Fontes consultadas*

ASSEMBLEIA LEGISLATIVA DE MINAS GERAIS - PROCESSO DE CASSAÇÃO DOS DEPUTADOS CLODESMIDT RIANI, SINVAL BAMBIRRA E JOSÉ GOMES PIMENTA:

- Representação para Cassação dos Deputados;
- Adesão em separado de vários deputados à representação para cassação;
- Parecer da Comissão de Constituição, Legislação e Justiça sobre a representação;
- Declaração de voto em separado do deputado Demerval Pimenta, em nome da bancada do PTB, apoiando a cassação;
- Convocação para reunião extraordinária e secreta da Assembleia Legislativa para examinar o assunto;
- Documento de regulamentação da tramitação do processo;
- Ata Secreta da reunião extraordinária da Assembleia Legislativa em 07-04-1964 (manuscrita);
- Ata da 209ª reunião ordinária da Assembleia Legislativa em 07-04-1964;
- Certidão da Secretaria de Segurança Pública – Departamento de Vigilância Social – em relação a Sinval Bambirra;
- Certidão da Secretaria de Segurança – Departamento de Vigilância Social – em relação a Clodesmidt Riani;
- Certidão da Secretaria de Segurança Pública – Departamento de Ordem Política e Social – em relação a José Gomes Pimenta;
- Relatório da Comissão de Inquérito da Assembleia Legislativa de Minas Gerais, relativo às atividades dos deputados supracitados;
- Documento do Partido Comunista Brasileiro sobre sua atuação no movimento sindical, estudantil, de favelas, dentre outros;
- Relação da composição do Comitê Estadual do Partido Comunista de Minas Gerais, da qual consta o nome de Sinval Bambirra;

- Recibos em relação à documentação do processo, assinados por Clodesmidt Riani, Sinval Bambirra e José Gomes Pimenta;
- Peça de defesa de Clodesmidt Riani ;
- Peça de defesa de Sinval Bambirra;
- Peça de defesa de José Gomes Pimenta;
- Complementação de Certidão da Secretaria de Segurança Pública em relação a Clodesmidt Riani;
- Depoimentos das seguintes testemunhas de acusação: Coronel José Meira Junior; Delegado Auxiliar de Polícia - Doutor Fábio Bandeira de Figueiredo; Major Silvio de Souza; Doutor José Pinto Renó; General José Lopes Bragança, entre outras;
- Parecer Conclusivo da Comissão de Inquérito;
- Edital de Convocação de reunião extraordinária e secreta da Assembleia Legislativa para 08-04-1964;
- Parecer conclusivo sobre a representação em que se pede a cassação do mandato dos deputados;
- Resolução nº 580: "Dispõe sobre a Cassação dos Deputados Sinval Bambirra, José Gomes Pimenta e Clodesmidt Riani";
- Ata de reunião extraordinária e secreta da Assembleia Legislativa de 18 de abril relativa à solicitação de documentação sobre os três deputados cassados, por autoridades encarregadas de IPM que investigava a atuação deles;
- Ata da parte secreta da reunião ordinária da Assembleia Legislativa de Minas Gerias de 24 de abril relativa à solicitação de cópias do processo de cassação dos três deputados por autoridades militares.

### Depoimentos de História de Vida:

- Clodesmidt Riani a Lucilia de Almeida Neves Delgado - Programa de História Oral - UFMG
- Sinval Bambirra a Lucilia de Almeida Neves Delgado - Programa de História Oral - UFMG.
- José Gomes Pimenta a Michel Marie le Ven - Programa de História Oral - UFMG.

### Periódicos:

Jornal "O Tempo" - Edição Especial -19-04-1998

# Politização do sagrado: padres franceses e autoritarismo[1]

*O passado não está simplesmente ali na memória, tem de ser articulado para se transformar em memória.*

(ANDRÉA HUYSSEN)

No início da década de 1960, o Brasil vivia forte efervescência política e social. A sociedade civil organizava-se de forma inédita. Manifestações públicas eram corriqueiras. As ruas e as praças das cidades tornaram-se palcos privilegiados de expressão de inúmeras reivindicações populares. O movimento sindical, aliado aos estudantes, aos camponeses e a diferentes setores da sociedade brasileira, reivindicava reformas de base e implementação de políticas nacionalistas pelo governo federal. Havia forte expectativa de que o Brasil passasse por significativas mudanças estruturais.

Mas, também, naqueles anos organizou-se forte resistência ao crescimento dos movimentos populares e à ação governamental do presidente João Goulart, que aprofundava orientações reformistas e nacionalistas. Os setores que estavam à frente da oposição ao governo Goulart sentiam-se ameaçados pelo real crescimento das reivindicações populares, além de discordarem da opção nacional desenvolvimentista que Goulart herdara de Getúlio Vargas. Herdara e aprofundara.

Portanto, à efervescência peculiar, àquela conjuntura, somava-se uma forte polarização político-ideológica que se desdobrou na deposição do presidente João Goulart, em abril de 1964, pelos setores de oposição ao governo federal fortemente apoiados pelo capital internacional. Portanto, a década de 1960 pode ser dividida em duas fases.

---

[1] O presente artigo é adaptação de comunicação apresentada no V Encontro Nacional de História Oral Sudeste, 2002 / ABHO, em coautoria com *Patrícia Corrêa Pereira*.

A primeira antecedeu à implantação do regime militar autoritário e corresponde aos seus quatro primeiros anos. A segunda teve sua marca inicial em 1964 e corresponde à conjuntura que sucedeu ao golpe de estado. No seu conjunto foi um período complexo, caracterizado pela projeção de profundas transformações sociais e econômicas, mas também pela frustração de projetos que animaram inúmeros segmentos da sociedade civil, que plantavam revolução ou tão simplesmente reformas sociais.

## *Primeiro ato: marcas de uma nova década*

O alvorecer da década de 1960 encontrou a sociedade brasileira envolvida em um processo de efetiva polarização política e ideológica. Trata-se de uma conjuntura na qual a política contaminou o cotidiano dos cidadãos brasileiros. O apelo popular do governo Jango, que iniciara em meados de 1961, encontrava forte ressonância na sociedade civil organizada, mas as forças que a ele se opunham também estavam muito mobilizadas. Na verdade, o que estava em jogo eram dois projetos substancialmente diferentes para o Brasil.

De um lado reuniam-se os setores reformistas, representados por sindicatos, UNE, ligas camponesas, frentes parlamentares de cunho nacionalista e reformista, artistas e intelectuais vinculados a movimentos culturais militantes, clero e leigos da Igreja católica progressista. Suas proposições, de forma geral, coincidiam quanto à ideia de se proceder a uma ampla reforma econômica e social no Brasil, orientada por proposições nacionalistas e algumas vezes até socializantes.

Em outra posição, situavam-se setores da sociedade brasileira que apostavam em um programa de desenvolvimento econômico arrojado, internacionalizado, direcionado por um lado para implantação de indústrias de ponta, e por outro para preservação da estrutura agrária do País. Um programa que, portanto, pode ser definido como filiado à proposição de modernização conservadora. A esse projeto estavam vinculados militares da Escola Superior de Guerra (ESG), proprietários rurais, setores do empresariado nacional, parlamentares – principalmente da UDN, investidores internacionais, expressivos segmentos da classe média e setores conservadores da igreja católica.

Esses grupos sociais se sentiam ameaçados pela amplitude e efervescência dos movimentos populares organizados e consideravam que esses apresentavam vínculos estreitos com o movimento socialista internacional. O tempo também era de guerra fria, e a polarização política brasileira inseria-se no contexto maior de polarização de um mundo dividido em duas áreas de influência bastante delimitadas e contrapostas.

Naquela conjuntura, também a Igreja católica passava por transformações profundas que desaguaram no Concílio Vaticano II e que culminaram em expressiva renovação no seio do catolicismo.

O presente texto objetiva analisar o que se pode denominar como *politização do sagrado*. Toma como referência geral a atuação de católicos progressistas e como paradigma específico de um tempo de inserção política de segmentos da Igreja católica, o denominado "caso dos padres franceses". Episódio que não consiste em fato isolado naquela conjuntura, na qual crescente repressão político-ideológica se fez presente no cotidiano da sociedade brasileira. Todavia, a prisão de padres por motivos políticos alcançou repercussão extremamente negativa em um país eminentemente católico, provocando muitas manifestações de indignação.

Na verdade, a atuação e a prisão, em 1968, dos padres franceses que atendiam à Paróquia do Bairro do Horto em Belo Horizonte alcançou repercussão internacional e também grande impacto na sociedade brasileira, não somente pela dimensão dos acontecimentos, mas por representar o signo de uma época de repressão e de luta por direitos humanos.

No plano internacional, esse acontecimento provocou denúncias sobre desrespeito aos direitos humanos no Brasil. Também o fato de dois dos padres serem franceses levou à pronta manifestação de indignação do governo francês.

## *Segundo ato: ásperos anos – vozes discordantes*

Em 1964, no Brasil, as nuvens espessas da polarização política transformaram-se em tempestade. Um golpe de estado preventivo, articulado por grupos políticos e setores da sociedade civil que apostavam na modernização conservadora, levou ao rompimento da ordem constitucional e à implantação de um regime militar autoritário, que tendeu a se aprofundar nos dez primeiros anos de sua vigência.

Paradoxalmente, nessa mesma conjuntura na qual a nação brasileira mergulhava em um regime de exceção, segmentos expressivos da Igreja católica, inspirados pelos ares renovadores do Concílio Vaticano II, trilhavam o caminho da politização e do comprometimento com projetos sociais voltados para a superação das desigualdades sociais.

Valorizava-se o engajamento cristão a causa da justiça social e a defesa dos direitos humanos. Tal postura desdobrou-se em dois movimentos:

– forte integração de padres europeus nos países do Terceiro Mundo, inclusive no Brasil;

– efetiva presença de leigos no apostolado, reforçando ainda mais a politização da Ação Católica, através de seus braços, estudantil, universitário e operário: Juventude Estudantil Católica (JEC), Juventude Universitária Católica (JUC) e Juventude Operária Católica (JOC).

A movimentação transformadora do catolicismo ecoou forte. Os católicos progressistas, já anteriormente animados pela influência do humanismo integral de Jacques Maritain e pela inserção em movimentos sociais baseados na Ação Católica, sentiram-se integrados ao novo sopro de renovação que movimentava clérigos e leigos de todas as partes do mundo católico. Postaram-se, portanto, ao lado dos movimentos populares e, nos anos que sucederam a 1964, lutaram pela defesa dos direitos humanos, cada vez mais violentados pelo novo regime político implantado no Brasil.

De fato, na segunda metade da década de 1960, de acordo com Daniel Reis e Denis Moraes, "os religiosos denunciariam a miséria do povo, a injustiça social, a doutrina de segurança nacional, que se transmudava em insegurança para a grande maioria... denunciariam também a ausência de direitos humanos, celebrados nos discursos e desrespeitados na prática...

O novo período da História brasileira foi marcado pela imposição do silêncio, por forte repressão, mas também pela resistência e por tentativas de reversão de um processo que desrespeitava direitos civis, políticos e sociais da população.

Nessa época integraram-se à ação política de resistência ao autoritarismo governamental os padres franceses vinculados à Congregação Agostiniana ou Assuncionista, que, desde a sua fundação, na Europa, se dedicou a trabalhos voltados para o ecumenismo e segundo Michel Le Ven a ações "militantes".

Na década de 1960, chegaram a Belo Horizonte três representantes da referida congregação. Eram os padres Michel Le Ven, Xavier Berthou e Hervé Crouguennec. Imediatamente integraram-se ao trabalho religioso e comunitário em um bairro típico da classe operária belo-horizontina, habitado por expressivo número de ferroviários. Trata-se da Paróquia do Horto, na qual desenvolveram não somente ações eclesiais, mas também militância política junto a Juventude Operária Católica. Além disso, fizeram da Casa Paroquial do Horto um local de apoio a inúmeros perseguidos pelo regime militar.

Sua linha de atuação enquadrava-se no que a Doutrina de Segurança Nacional (DSN), que orientava a prática econômica e de vigilância política do governo federal, denominava de "subversiva". Portanto, provocou forte reação dos governantes militares e redundou na prisão tanto dos três padres como na do diácono José Geraldo da Cruz.

O caso dos "padres franceses" é paradigmático de um tempo. As narrativas de sujeitos históricos envolvidos naquele processo, suas lembranças, informações e análises podem contribuir para melhor compreensão de uma conjuntura tatuada pelo signo do autoritarismo, mas também marcada por forte esperança transformadora.

Os relatos são de Michel Le Ven (padre francês preso em dezembro de 1968); Dom Aloísio Lorscheider (ex-presidente da CNBB), Frei Claúdio Van Balen (vinculado à Congregação Carmelita e responsável pela Paróquia do Carmo em Belo Horizonte), Eliseu Lopes (ex-frei dominicano e ex-prior da congregação), Padre Vicente (ex-frei Sérgio da Congregação dos Dominicanos); Gilse Consenza (integrante do movimento leigo) e Beatrix Gonçalves (integrante do movimento leigo).[2]

Na narrativa desses sujeitos históricos destacam-se dois temas que, no seu conjunto, lançam luzes que possibilitam melhor compreender o episódio dos padres franceses e seu caráter paradigmático de uma conjuntura marcada por conflitos, utopias, coerção, solidariedade e, por fim, silêncio. São eles:

- politização do sagrado, marcada pela renovação do catolicismo, a partir do final da década de 1950 e pela atuação dos padres franceses, no contexto específico do ano de 1968.
- recrudescimento do autoritarismo que se desdobrou no aprofundamento da repressão política e na prisão dos padres franceses, colocando importantes segmentos da Igreja católica em contraposição ao regime autoritário.

## *Politização do sagrado: renovação do catolicismo e atuação de padres franceses*

Os impactos renovadores provocados pelo Concílio Vaticano II e a decorrente politização do catolicismo são muito conhecidos e analisados pela literatura especializada; contudo depoimentos de alguns dos sujeitos históricos que atuaram àquela época, podem contribuir para uma renovada interpretação do processo histórico, já que traduzem emoções, esperanças e clima daquela efervescente conjuntura:

De acordo com Dom Aloísio Lorscheider, politização e espiritualização estariam teoricamente em conflito, mas naquela conjuntura se integraram.

> A palavra politização é justamente esse engajamento da sociedade. Não é uma politização partidária, mas é uma politização da presença da Igreja como fermento, sal, luz, no mundo. Isso é politização. E espiritualização é um certo fechamento, é um certo afastamento da sociedade.

---

[2] Os depoimentos foram prestados aos pesquisadores do projeto: *Catolicismo no Brasil Contemporâneo: da politização dos anos sessenta à espiritualização dos anos noventa*. Centro de Pesquisa História, PUC Minas. Financiamento: Fundo de Incentivo à Pesquisa/ PUC Minas e FAPEMIG.

Já Michel Le Ven, um dos protagonistas dos acontecimentos, refere-se ao forte engajamento político e social de segmentos da Igreja católica àquela época da seguinte maneira:

> A partir do século XIX, a partir dos papas Pio XII e Pio XI teve uma romanização. Era preciso transformar a vivência dos padres nos cânones do Vaticano I...... E isso se fez pela importação de padres de outras partes do mundo: italianos, espanhóis, holandeses. Esse movimento, de emigração de padres, foi se reforçando a partir de João XXIII, com a chamada ajuda aos países em desenvolvimento, inclusive eu sou parte dessa grande emigração de padres, freiras, religiosos, leigos........ Antes de vir para o Brasil, era professor de Filosofia e Teologia em Lyon, que é uma capital também intelectual, industrial. E era já assistente da Juventude Operária Católica. Já trabalhava com catecumenato de adultos, assistência aos perseguidos políticos da Guerra da Argélia.
>
> Na Paróquia do Horto nosso trabalho se desenvolvia em três linhas. A brasilização da liturgia, o altar foi virado para o povo, as leituras eram feitas em português por jovens da paróquia, criou-se todo uma mística em torno dessa participação.Outra linha então era a inserção junto à comunidade da paróquia, situada em região de operários da Central do Brasil. Mas havia também uma ligação intelectual, eu era professor de universidade, e uma ligação com os movimentos sociais e políticos. A casa ficava sempre aberta, hospedamos gente perseguida. Inclusive descobri, na primeira noite de interrogatório, que eu, pessoalmente, tinha sido seguido durante quase dois anos, por um jovem que se dizia guerrilheiro.

As palavras de Michel são corroboradas pelo depoimento de Gilse Cosenza, militante do movimento leigo e ativista política:

> Os padres franceses nos escondiam, saíam com a gente para poder fazer panfletagem clandestina, ficavam com o carro ligado pronto para gente correr, porque a gente cronometrava quando viria a repressão. Escondiam a gente....

Para explicar a atuação dos padres franceses, em especial junto ao movimento operário, Michel Le Ven utiliza as mesmas metáforas citadas por Dom Aloísio:

> A JOC sofreu um impacto muito grande. Digamos que até 1967 a JOC, instituída pela diocese, já tinha se aberto um pouquinho, mas era muito clerical. Muito clerical e muito voltada para si,

para a santidade, não era para o indivíduo. E a partir de 68 ela se tornou mais social e política [...] O grupo que tentou atuar em Minas e em Belo Horizonte achava que o Evangelho tinha razão, o sal da terra é o fermento da massa [...].Não seria a religiosidade puramente no sentido da fé, mas também voltada para ação prática.

## *Recrudescimento do autoritarismo*

Os padres franceses, próximos à militância jocista de Belo Horizonte, acabaram por apoiar os trabalhadores, que se envolveram na greve dos operários de Contagem, ocorrida em 1968. Montaram comitês de ajuda às famílias dos operários demitidos em decorrência da paralização. Sua ação altamente politizada, que teve no movimento grevista sua mais forte manifestação, trouxe como decorrência sua prisão em novembro de 1968[3], praticamente às vésperas do Ato Institucional de número 5, conjuntura na qual o regime autoritário caminhava para um profundo recrudescimento, que caracterizou os denominados *anos de chumbo* da ditadura brasileira no pós 1964.

Incomunicáveis e submetidos a pressões psicológicas e a maus-tratos, encontraram na comunidade religiosa do Brasil, mas principalmente na de Belo Horizonte, considerada um reduto tradicional do catolicismo, forte apoio, como traduzem as narrativas de Beatrix Gonçalves, Frei Cláudio Van Balen e Eliseu Lopes:

> Eles tinham uma ação no Horto e foram presos por causa dessa ação. E sofreram. Foram torturados [...] Foi lida uma carta no culto de todas as igrejas em sua defesa. Isso foi uma obra de Dom João.
>
> Agora não eram os únicos padres presos. Houve outros padres presos no Pará [...] Não era uma novidade. Era uma novidade em Minas Gerais. E eles ainda cometeram o desacerto de pegar três estrangeiros. Foi uma coisa que chocou a cidade [...] Porque tocar num padre naquela época era uma coisa meio chocante (BEATRIX GONÇALVES).
>
> O clero em geral naquela época era muito unido. Quando aqueles padres franceses foram presos e torturados, nós fizemos uma movimentação espetacular. Conseguimos reunir praticamente todo o clero da cidade, encheram a casa do bispo, o palácio. E com muito discurso, veemência. Dom João era assim... sempre

---

[3] Foram presos os padres: Michel Marie Le Ven, Xavier Berthou, Hervé Crouguennec e o diácono José Geraldo da Cruz.

foi muito meigo, incapaz de confronto. Mas nós conseguimos que Dom João assinasse, fizesse pronunciamentos... ... E em todas as igrejas, aos domingos, esses documentos eram lidos, com muita repercussão. Tinha um mística de união de estar junto.
(Frei Cláudio Van Balen)

Novembro de 1968. Tinha havido a prisão dos padres aqui em Belo Horizonte. Padres do Horto, foi no dia 20 de novembro. Então pela primeira vez veio à tona a tortura. Quer dizer, já se sabia que havia muita tortura, mas documentadamente foi a partir daí que a gente tinha certeza de que havia todo um sistema de tortura implantado. Um sistema mesmo. Não era uma coisa esporádica [...]. ... e os padres foram até certo ponto vítimas de um pouco de tortura. Não a tortura muito violenta, mas foram. (Eliseu Lopes)

O episódio da prisão dos padres franceses provocou certo estremecimento nas relações entre o governo federal e a Igreja católica. A CNBB indignou-se. Muitos membros da hierarquia eclesiástica posicionaram-se contra as ações repressivas do governo federal, que atingia parte do clero e do movimento leigo da Igreja católica. A denúncia de maus-tratos aos padres presos provocou forte desconforto na comunidade católica belo-horizontina. Tratava-se de um precedente que a hierarquia católica da capital do Estado de Minas Gerais não tolerou.

Até então, fora o segmento do clero progressista que se manifestava de forma explícita contra o governo militar autoritário, não houvera, por parte dos demais membros do clero católico, que na sua maioria era bastante moderada, confrontos explícitos com o poder instituído. Contudo, os acontecimentos ganharam repercussão não só nacional, mas também internacional. Consternada, a alta hierarquia da Arquidiocese de Belo Horizonte, apesar de cercar-se de muita cautela, divulgou homilia elaborada pelo Conselho Presbiterial e por Dom João, através da qual foram denunciados os maus-tratos aos membros do clero presos nesta cidade. Os trechos finais da homilia são contundentes.

E agora, irmãos, com minha autoridade de Pastor da Arquidiocese de Belo Horizonte e com a anuência unânime de nosso clero, devo denunciar o que sei por ciência direta, pessoal e segura: os depoimentos dos sacerdotes presos não podem ser aceitos como expressão da verdade, por que foram usados com eles espancamentos e torturas. (*apud* Mata, 1986, p. 222)

A prisão dos padres franceses foi um episódio, entre tantos outros, que caracterizou a arbitrariedade do regime militar, transformando a euforia de expansão dos movimentos da sociedade civil, no início dos anos de 1960, em silêncio e medo, após 1968.

A contundente narrativa de Michel Marie Le Ven, que encerra o presente texto, traduz o clima da época, e o silêncio que sucedeu aos acontecimentos e que se estendeu por cerca de trinta anos.

> Foi muita coisa que aconteceu naqueles anos. A igreja do Carmo, os dominicanos, os padres da Vila Oeste [...] Era uma vida muito ativa. Havia uma organização e uma solidariedade impressionante. Mas também havia o terror e a partir de 1969 a solidariedade ficou muda, completamente.
> 
> Criou-se um clima de terror. Terror e produção do esquecimento, ao mesmo tempo [...]. Foi preciso esperar trinta anos para que publicamente a gente fosse convidado a falar sobre 1968. O Brasil é muito bom, mas não é fácil em certas coisas. A lei do silêncio. E o próprio silêncio que se vai produzindo.
> 
> E eu estou aí até hoje. As mesmas crenças, os mesmos sonhos.

# Intolerância política no Brasil: catolicismo, direitos humanos e direitos sociais (1964-1985)[1]

> *A memória torna-se fundamental na medida em que se sabe que "as façanhas que são silenciadas morrem" e, logo, o homem sem façanhas ou reputação morre, pois que, vítima do silêncio, estaria abandonado ao esquecimento.*
>
> (Marcel Detiènne)

Este texto pretende analisar o movimento do catolicismo brasileiro na luta pelos direitos humanos e sociais no Brasil no período da ditadura militar (1964-1985). Na verdade o envolvimento do catolicismo, nessas questões, contribuiu para renovar sua própria prática e inserção na sociedade civil brasileira. Os depoimentos do Dom José Maria Pires, Arcebispo Emérito da Paraíba, Dom João Resende Costa, Arcebispo Emérito de Belo Horizonte e de Eliseu Lopes[2], ex-dominicano, demonstram essa nova atuação do catolicismo brasileiro naqueles anos.

Um redemoinho de imagens compõe o cenário brasileiro de 1960. Atravessa a bruma do tempo e se hospeda na sombra do catolicismo. Solicita interpretações. Pergunta, questiona e desafia. Foram anos de efervescência e expressiva mobilização popular. Paradoxalmente, foi também um tempo de autoritarismo e desrespeito aos direitos humanos. Na verdade, por seu impacto na sociedade brasileira, essa conjuntura merece ser mais trabalhada, analisada e pesquisada, considerando os diferentes sujeitos históricos que modularam esse quadro.

---

[1] Texto adaptado de comunicação apresentada em coautoria com Mauro Passos, no XIII Congresso Internacional de História Oral: Memory and Globalization. Roma, 2004.

[2] Depoimentos prestados aos pesquisadores do projeto: Catolicismo no Brasil Contemporâneo: da politização dos anos sessenta à espiritualização dos anos noventa. PUC Minas, Centro de Pesquisa História. Financiamento: Fundo de Incentivo à Pesquisa – PUC Minas e FAPEMIG.

A década de 1960 pode ser dividida em duas fases. A primeira antecedeu ao regime autoritário e corresponde aos quatro primeiros anos. A segunda teve sua marca inicial em 1964 e corresponde à implantação desse regime. No seu conjunto foi um período complexo, caracterizado pelo cultivo e pela frustração de diferentes utopias. Era preciso vencer a perplexidade, superar o medo e plantar as sementes de uma revolução ou, então, mobilizar forças para diversas reformas sociais. Período rico de elaboração política, de acertos e erros. Os retalhos que restam na memória abrigam crises, insurgências, heroísmos de uma realidade em movimento. Lembram, ainda, o silêncio orquestrado de vozes silenciadas.

A travessia desse tempo pontua lembranças, situações, acontecimentos, discursos, menções. Deambula por lugares conhecidos, como também por aspirações diversas. O novo lugar que, progressivamente, o catolicismo foi ocupando na sociedade brasileira nesse período modificou seu perfil tanto interno quanto externamente. Com isso, a imagem tradicional da Igreja, sua linguagem e sua projeção na sociedade apresentavam nova direção. A instituição eclesiástica começava a abrir novos horizontes em sua práxis. Este texto pretende analisar, particularmente, três aspectos centrais: o lugar e a função do catolicismo na sociedade brasileira, os condicionamentos históricos e religiosos que possibilitaram sua mudança interna e externa e o novo modo de ser Igreja.

Trata-se de um período bastante ambíguo, uma vez que a realidade que circunda o catolicismo intriga seu percurso no contexto brasileiro. Como se situar ante as incertezas do presente e avizinhar-se de temas e situações que bradam por justiça, liberdade, participação? Como articular experiência de fé e compromisso social numa sociedade excludente? Uma característica de segmentos da Igreja católica desse período foi buscar caminhos mais bem sintonizados com os desafios da realidade brasileira, sobretudo na defesa dos direitos humanos e sociais.

## A mudança de lugar... a mudança do olhar

O desenho do catolicismo brasileiro comporta uma diversidade de atos e atores. Como dar sentido ao seu passado?

O tecido histórico da década de 1960 convida-nos a um movimento no olhar que vislumbre a pluralidade do período. O pensamento religioso não evoluiu sozinho no espaço institucional e simbólico. Ele interagiu com outras formas de pensamento e outras esferas de organização social, política e cultural.

A alvorada da década de 1960 encontrou a sociedade civil brasileira extremamente polarizada. Respirava-se política por todos os poros. O apelo popular do governo Jango, iniciado em meados de 1961, era muito forte, no entanto, as forças opositoras também estavam muito mobilizadas.

De um lado reuniam-se, em uma ampla frente que lutava por transformações, os movimentos populares, os sindicatos, os estudantes articulados pela União Nacional dos Estudantes (UNE), as ligas camponesas, os militares nacionalistas, as frentes parlamentares reformistas, os socialistas, os comunistas, o clero e os leigos dos movimentos católicos progressistas. As posições desses grupos, de modo geral, coincidiam com a ideia de se proceder a uma ampla reforma econômica e social no Brasil. Reforma cujo objetivo era, sobretudo, alcançar um desenvolvimento sólido e também distributivo, mediante a superação das condições de subdesenvolvimento.

A conjuntura era de desafio perante os problemas de ordem política, econômica, educacional, religiosa. Nesse período, alguns leigos e sacerdotes da Igreja católica começaram a se interessar por problemas fundamentais da realidade brasileira, tais como: pobreza, habitação, reforma agrária, subdesenvolvimento econômico, educação. Essa era uma atitude nova do catolicismo brasileiro, procurando balizar sua ações com referências na realidade histórica.

Em outra posição diametralmente oposta situavam-se diversos setores da sociedade brasileira, que, por meio de uma postura simultaneamente modernizante e conservadora, apostavam em um programa de desenvolvimento econômico arrojado, internacionalizado, menos voltado para a produção de artigos destinados ao consumo popular, e mais direcionados, por um lado, para implantação de indústrias de ponta; por outro, para preservação da estrutura agrária do País. Nele se agregavam militares vinculados à Escola Superior de Guerra, proprietários rurais, setores do empresariado nacional, parlamentares ligados, principalmente, à UDN, investidores internacionais, segmentos expressivos da classe média e setores conservadores da Igreja católica. Nesse último grupo, a influência da política norte-americana se fez sentir sobremaneira, principalmente através da Aliança para o Progresso, lançada pelo presidente John Kennedy, que propunha um programa para atender às necessidades do Nordeste.

Em uma linha de contraposição aos segmentos sociais e organizações supracitados, sob a orientação da Conferência Nacional dos Bispos do Brasil (CNBB), diversos organismos, institutos e frentes de trabalho foram também criados ao longo dos anos de 1960, com o objetivo de preparar os religiosos e os agentes de pastoral para o trabalho social. Destacaram-se entre eles: o Instituto Brasileiro de Desenvolvimento (IBRADES), o Centro de Estatística Religiosa e Investigação Social (CERIS), destinados a orientar as pesquisas e os trabalhos dos católicos.

Com a eleição de João XXIII, novas contribuições e motivações marcaram o rumo da Igreja no Brasil. Suas encíclicas *Mater et Magistra* (1961) e *Pacem in Terris* (1963) contribuíram para a renovação do catolicismo.

Influenciada pelo sopro renovador do catolicismo, a Comissão Central CNBB publicou uma declaração, em 1963, denunciando a situação social:

> Ninguém desconhece os clamores das massas, que, martirizadas pelo espectro da fome, vão chegando, aqui e acolá, às raias do desespero. [...] O rolo compressor de certos grupos insaciáveis, pela dinâmica do lucro exorbitante, pela ganância incontrolável e ilimitada, tem causado o agravamento da situação política, econômica e social do País. Não nos referimos, evidentemente, às pequenas e médias empresas, nem à classe média sempre mais sacrificada e rarefeita. Referimo-nos aos que, a pretexto de combaterem o comunismo com medo de perderem seus privilégios, alimentam paradoxalmente a propaganda das idéias subversivas e esgotam a paciência dos pobres. (CNBB, 1963, p. 627-628)

Vale destacar a linguagem do documento. Em nível de discurso, o texto articula a questão da classe social com o sistema constituído. As palavras estruturam-se em uma totalidade significativa. Há uma preocupação maior do que simplesmente informar ou explicar. Não se trata de uma palavra ou frase dita às camadas populares ou às classes dominantes. É uma nova entidade que estabelece relação com o que está acontecendo no nível político, econômico, social e suas consequências para a vida humana, tanto pessoal quanto coletiva. Portanto, o discurso não constitui um fim em si mesmo, nem pretende apenas veicular mensagens e valores religiosos, mas possui um objetivo maior – interagir socialmente.

Em 1966, os bispos do Regional Nordeste II reafirmaram o conteúdo do documento supracitado da CNBB em um manifesto da Ação Católica Operária sobre a situação precária e desumana dos trabalhadores do Nordeste. Esses documentos contribuíram para dinamizar o envolvimento do catolicismo nas questões sociais e na defesa dos direitos humanos. Nessa mesma linha, afirma Dom José Maria Pires:

> Dois fatos provocaram minha conversão – a realização do Concílio Vaticano II e a realidade do Nordeste. Foi exatamente o golpe de 1964 que atingiu profundamente os direitos humanos. Quando estava em Araçuaí, comecei a reagir contra as violações dos direitos humanos: prisão de pessoas, prisão de suspeitos, torturas. Em 21 de abril de 1976 foi fundado oficialmente o Centro de Defesa dos Direitos Humanos. Foi o primeiro da América Latina. Foi uma forma de ajudar o povo. Isso me marcou muito. Foi um tempo de conversão. Em contato com o povo, a gentia sentia o sofrimento dele.

Essa declaração mostra um quadro de mudanças pelos quais a Igreja passava no Brasil, particularmente com seu envolvimento nas questões sociais e na defesa dos direitos humanos. Era, ainda, um projeto. Esse novo tecido fez parte de um encadeamento de fatores que foram amadurecendo em diferentes formas de organização e articulação entre os setores pastorais e os líderes religiosos. Segundo afirmação de Dom José Maria Pires, era necessário formar, num espaço de dois anos, o conselho de presbíteros, o conselho pastoral e o colégio dos consultores, que demarcariam maior interação entre clérigos e leigos.

Em 1968, um acontecimento marcou uma nova etapa do catolicismo na América Latina – a 2ª Conferência Geral do Episcopado Latino-Americano em Medellín, na Colômbia. Fruto de condições históricas sociais e religiosas, que tiveram início na década de 1950, esse evento trouxe novas esperanças para o catolicismo que se aproximava cada vez mais das questões sociais. Era a segunda vez que o episcopado da América Latina se reunia. A primeira conferência ocorreu em 1959, na cidade do Rio de Janeiro. Priorizou as questões internas da Igreja. Medellín, ao contrário, voltou-se para os reais problemas do continente. As diversas comissões consideraram como ponto de partida de seus trabalhos a realidade histórica e social.

De mero consumidor, o leigo passou a sujeito participante, sujeito ativo no campo da interlocução entre Igreja e comunidade. Sua participação foi ganhando corpo e expressão nas comissões, nas pastorais, nos grupos de reflexão. Com ele, o percurso popular da Igreja latino-americana foi ganhando outros contornos e novas formas, buscando abranger além da transcendência a justiça social, uma educação libertadora, a paz e a promoção humana. Todos esses temas foram abordados em Medellín e posteriormente reproduzidos como motivação da ação por milhares de comunidades eclesiais de base no Brasil.

## *Esboço de uma prática: bravos movimentos*

O catolicismo para o qual nosso olhar se volta é em primeiro lugar aquele que moldou novos espaços no horizonte dos direitos sociais e humanos. O processo de mudança por que passava teve novo impulso e grande criatividade a partir da década de 1960. Vários elementos fora do eixo eclesiástico contribuíram para conduzir esse processo e, ao mesmo tempo, refletir sobre o que estava em jogo na sociedade brasileira.

O distanciamento do poder estabelecido, a aproximação e identificação do catolicismo brasileiro com a causa das camadas populares fizeram com que o acolhimento dos desafios e dilemas alargasse, sempre mais, seu horizonte. Os programas e as atividades de clérigos e leigos ganharam novo corpo. A partir de 1960, a militância social de expressivas organizações da Igreja Católica ganhou maior articulação e uma sistematização mais abrangente. A participação popular foi demonstrando consciência crítica mais profunda no plano da realidade histórica.

No entanto, a partir de 1964, o regime autoritário trouxe consigo as marcas do desrespeito aos direitos civis, políticos e sociais. Eram os anos de desrespeito aos direitos humanos que se iniciavam, caracterizados pela perseguição aos dissidentes do regime e a todos aqueles que, de alguma forma, a ele se opusessem. Nesse contexto político ocorreu uma relação de mútuo apoio nas diversas iniciativas, manifestações e organizações católicas que lutavam contra o autoritarismo. Ao empunhar a bandeira dos direitos sociais e humanos, organizações católicas progressistas, bem como outras organizações da sociedade civil, entraram num confronto direto com o Estado, principalmente, depois da publicação do Ato Institucional n.° 5 (AI-5).

Com esse "golpe dentro do golpe", o Congresso foi temporariamente fechado, e a liberdade civil e de imprensa, eliminadas. Por longo tempo assim, os serviços de informação e coerção ganharam carta branca para adotar medidas extremas contra a oposição ao regime autoritário. Durante a XI Assembleia Geral da CNBB, em maio de 1970, foi produzido um documento que denunciava os crescentes abusos do regime militar contra os direitos humanos e sociais:

> Não podemos admitir as lamentáveis manifestações da violência, traduzidas na forma de assaltos, seqüestros, mortes ou quaisquer outras modalidades de terror. [...] Pensamos no exercício da JUSTIÇA, [...] que, sinceramente, cremos estar sendo violentado, com freqüência, por processos levados morosa e precariamente, por detenções efetuadas em base a suspeitas ou acusações precipitadas, por inquéritos instaurados e levados adiante por vários meses, em regime de incomunicabilidade das pessoas e em carência, não raro, do fundamental direito de defesa. (CNBB, 1970-1971, p. 85-86)

O documento constituiu uma forte denúncia contra o autoritarismo absoluto. A censura e a onda repressiva do regime militar, particularmente durante a presidência do General Médici, silenciaram os focos de oposição. Nesse período, parte substantiva da Igreja católica foi importante núcleo de resistência e oposição.

Os episódios que se seguiram ao AI-5 foram decisivos para uma atuação mais crítica da Igreja. Segundo Dom José Maria Pires, por exemplo, no ano de 1969 o padre Sebastião Gomes, da diocese de Araçuaí (MG), estava sendo seguido na paróquia. Alguns policiais ouviam suas pregações e o acusavam de subversivo. Diante disso, Dom José se dirigiu a Belo Horizonte para encontrar-se com o General Guedes para esclarecer a situação. Teve que esperá-lo alguns dias, pois estava viajando. Quando se encontraram, conversaram, discutiram vários assuntos. E uma observação desse militar foi a seguinte: "Vocês estão espalhando subversão por aí". No final da conversa, Dom José lhe pediu uma declaração de que nenhum padre de sua diocese seria chamado a depor, "sem primeiro se ter conversado com o bispo". Não se tratava mais de abordar o tema da justiça e dos direitos sociais e humanos como um ideal a ser alcançado, de forma abstrata ou conceitual. Tratava-se de avançar na sua defesa de forma concreta. Continuando, afirma Dom José:

> No período da repressão foram cortadas e proibidas todas as formas de organização do povo. Na Universidade, por toda a parte, estavam os militares. De fato, a repressão foi muito bem organizada! Eles pegaram todas as lideranças, prenderam e mudaram as lideranças. A única organização que tinha voz era a Igreja. Aí ela era obrigada a falar em defesa das pessoas. [...] O único lugar onde podiam realmente se reunir era na Igreja. Então a gente cedia igrejas, cedia casas paroquiais, colégios nossos. Tínhamos reuniões no Palácio do Carmo, que é a sede do arcebispado.

Nessa mesma linha, Dom João Resende Costa chama a atenção para o posicionamento da CNBB ante o regime militar: "Tenho a impressão de que a CNBB soube ser uma presença séria, não abrindo mão de seus direitos e deveres. Soube conviver com um regime que não era o melhor nem para a Igreja nem para o povo" (ANTONIAZZI, 2002, p. 58). Cumpre assinalar a importância capital desses depoimentos sobre uma conjuntura de conflitos entre o poder político estabelecido, o catolicismo, as camadas populares e os militantes políticos. A Igreja participou ativamente desse momento histórico e descobriu a face trágica do regime de exceção. Com isso, empreendeu um posicionamento diferente no seu interior e na sua forma de se relacionar com as pessoas, os grupos organizados e os militares.

Dentro desse contexto, a Comissão Justiça e Paz, instalada oficialmente em outubro de 1969, adotaria os mesmos princípios da encíclica *Populorum Progressio*. Nesse mesmo ano, como resposta ao AI-5, de dezembro de 1968, a CNBB manifestou sua preocupação para com a política econômica adotada pelos governos militares e criticou o desrespeito aos direitos humanos e o sistema que colocava o lucro acima da pessoa humana.

Assim, a atuação da Igreja se diferenciava dos períodos anteriores. Uma série de fatos e situações sociais favoreceu sua evolução política e religiosa e renovaram sua ação. O sombrio clima da época provocou diversas respostas da hierarquia eclesiástica. De certa forma, fortaleceu a posição do grupo mais progressista e engajado. Essa mudança afetou, ao mesmo tempo, sua visibilidade histórica e sua própria autocompreensão.

Os direitos humanos e sociais assumiram conotações e interpretações diversas na história do catolicismo brasileiro. Há silêncios, omissões, desacertos e acertos contudo. Muitos leigos, sacerdotes e bispos se envolveram, cada vez mais, nos conflitos políticos e sociais. O regime político se posicionava na contramão dessa orientação. Desencadeou-se, assim, uma onda de violência contra todas as lideranças e mobilizações populares que não estavam de acordo com o regime. Nesse contexto, essa temática passou a ser vista sob outras perspectivas. Tratava-se não só de uma necessidade, mas principalmente de um direito. Aos ataques repressivos a Igreja respondeu com denúncias, lutas e real envolvimento na conjuntura política.

Em 1968, o governo militar criticou as manifestações dos católicos quando da celebração da missa de 7º dia, pelo assassinato do estudante Edson Luís (COMISSÃO ARQUIDIOCESANA DE PASTORAL DOS DIREITOS HUMANOS E MARGINALIZADOS, 1978, p. 8).[3] Em novembro desse mesmo ano, ocorreu em Belo Horizonte a prisão de três padres franceses e de um diácono brasileiro. A reação da arquidiocese foi imediata. Dom Serafim Fernandes de Araújo e Dom João Resende Costa escreveram as homilias para ser lidas nas missas. Recuperando a lembrança desse tempo, relata Dom João:

> O episódio dos padres franceses foi uma situação difícil. Dias muito duros. Naquele momento, eu fiz algumas homilias para serem lidas nas paróquias. Eu não gosto dessas coisas, gosto de trabalhar com mais harmonia, tranqüilidade, mas tivemos que conviver com aquela efervescência. Mas, pelo menos, orientamos o povo. Isso fez com que a Igreja fosse respeitada. Os militares viram que não estávamos de olhos fechados. (ANTONIAZZI, 2002, p. 58-59)

Nesse panorama, a Comissão Central da CNBB publicou, em setembro de 1969, uma nota com o título: "Igreja na atual conjuntura". Fez uma análise sobre os acontecimentos nacionais, os abusos de autoridade, a injustiça social e os atentados contra a dignidade da pessoa humana. No final, o documento afirma: "Fazemos nossas as conclusões de Medellín, as diretrizes Conciliares Pontifícias, em matéria de filosofia social. [...] para que o Brasil, de fato, se reencontre, sob a inspiração 'da justiça e da liberdade, do amor e da verdade" (CNBB, 1977, p. 35).

## Década de 1960:
## a Igreja Católica no Brasil – transformações

Ainda no início da década de 1960, no período imediatamente anterior à implantação de um regime autoritário no Brasil, em meio às duras carências

---

[3] Esse documento traz um histórico sobre a repressão à Igreja do Brasil e a luta pelos direitos humanos. Apresenta também uma estatística sobre os índices de perseguição, morte e atentados à população brasileira. Elenca os textos oficiais da CNBB a favor dos direitos humanos.

da população do Nordeste, diversos bispos, leigos e, ainda, movimentos foram configurando o Movimento de Natal. Era um movimento cristão integral. Foi uma ação conjugada de evangelização e de ação social, que aos poucos contaminou importantes segmentos do catolicismo brasileiro, tanto nas áreas rurais, como nas cidades.

Um acontecimento importante foi o Primeiro Congresso de Lavradores e Trabalhadores Rurais do Norte e Nordeste em 1961. Nesse evento, segundo Azzi (1981), o ministro do Trabalho, Franco Montoro, reconheceu os 22 sindicatos rurais organizados pela Igreja católica. Pode-se perceber um alinhamento de forças, com vistas à transformação social. Os setores progressistas do catolicismo estavam aí circunscritos. Importantes setores da Igreja católica comprometeram-se com as questões sociais. A prática evangelizadora começava pela análise da realidade, pelo engajamento político e abria caminho para as questões sociais e humanas.

Em 1961, com apoio da CNBB, as experiências e o serviço de Escolas Radiofônicas ganharam um caráter oficial. Assim, de acordo com Wanderley (1984), se consolidou e se ampliou o Movimento de Educação de Base (MEB), que nasceu de um convênio entre a CNBB e o governo Jânio Quadros, em 1961.

Nesse processo, o Encontro de Jornalistas Católicos repercutiu na capital mineira, em 1963. Nesse mesmo ano, o jornal "Brasil, Urgente" editava seu primeiro número, sob a orientação do dominicano Frei Carlos Josaphat, em São Paulo. Era um instrumento de reflexão sobre os problemas sociais e políticos dos militantes católicos. Teve importante papel para a reflexão e organização política, particularmente, nos centros urbanos, tais como: congressos, passeatas, manifestações estudantis e operárias.[4]

Os frades dominicanos tiveram atuação muito significativa, em especial após 1964. A presença junto aos jovens, a preocupação e promoção social demonstravam sua força e atuação nos setores mais progressistas da Igreja católica. Estavam presentes em diversas regiões do Brasil e sempre militando pelos direitos sociais e humanos.

A Teologia da Libertação também foi um salto significativo ao longo desse processo e repercutiu na organização das comunidades eclesiais de base. Já década de 1970, as CEBs resistiram às imposições governamentais autoritárias e tornaram-se espaços para que os grupos sociais pudessem se expressar religiosa e politicamente. Ademais, representantes da hierarquia católica foram, aos poucos, opondo-se ao regime militar, traduzindo

---

[4] A reconstituição da história desse jornal e, mais particularmente, dos personagens cristãos que antecedem ao golpe de 1964 encontra-se no estudo feito por BOTAS, Paulo C. Loureiro. A bênção de abril – Brasil, Urgente: memória e engajamento católico (1963-64). Petrópolis: Vozes, 1983.

em denúncia as arbitrariedades praticadas e dando, ainda, amparo às pessoas perseguidas. Alguns se tornaram vítimas do autoritarismo, sofrendo prisões, expulsão do País, atentados e assassinatos.

O envolvimento do catolicismo brasileiro com a realidade social e política do Brasil se fez sentir, em vários níveis e sob diversas formas, em especial na lua por direitos sociais e humanos. No período da ditadura militar, por exemplo, os conventos dos dominicanos acolheram muitos militantes políticos. Em decorrência, a congregação foi vista com desconfiança tanto pelo segmento mais conservador da sociedade brasileira quanto pelos militares.

Eliseu Lopes faz um relato da atuação dos frades no período do regime militar. Ao comentar as atitudes repressoras dos militares, declara que o convento dos dominicanos sempre acolheu refugiados políticos: "Chegavam ao convento do Rio, pessoas de São Paulo e de Minas, que estavam fugindo da perseguição, da repressão. Gente da JEC, da JUC e outros já profissionais. E o convento era um ponto de chegada". Como os dominicanos, outros segmentos da Igreja católica contribuíram para a defesa dos direitos humanos.

A luta pela justiça social, na teoria e na prática, abriu novos horizontes para a Igreja católica. O catolicismo foi ensaiando novos modos de agir e novas linguagens, em sintonia com os desafios da realidade brasileira. Isso alterou seu perfil institucional, sua função e seu lugar na sociedade brasileira. No entanto, a Igreja estava entrecortada por tendências diversas e divergentes. As brumas da crise que atravessavam a sociedade atravessavam também o catolicismo. Uma significativa articulação de bispos, padres e leigos marcou aquele cenário. Sob os mais variados temas e orientações, outros projetos foram desenvolvidos. Autores diferentes interagiram na construção do futuro. Os olhares daquele presente fizeram elo com as miradas do futuro. Um novo tecido de horizonte foi sendo aberto – antessala para novos começos.

# Jorge Luís Borges e Pedro Nava – literatura e memória: interseções

*A recordar que o tempo é a diversa trama de sonhos ávidos que somos. E que o secreto Sonhador dispersa.*

(Borges)

*Há assim uma memória involuntária que é total e simultânea. Para recuperar o que ela dá, basta ter passado, sentido a vida; basta ter, como dizia Machado, padecido no tempo.*

(Nava)

## Cidades: caleidoscópios da memória

O caráter coletivo da memória das cidades encontra na literatura terreno fértil de expressão. Como signo da modernidade, são as cidades realidades sempre em mutação. As relações de poder, atividades econômicas, formas de sociabilidade, vida cultural e espaços coletivos transformam-se de forma contínua. As cidades, como espaço de vivências coletivas, são paisagens privilegiadas de registros da memória. A pena dos escritores faz dessas paisagens personagens vivas de narrativas que, na interseção com a História, expressam, de forma policromática, a vida das pessoas no cotidiano de suas ruas, praças, cafés, escolas, museus, residências, universidades, fábricas, repartições públicas, bares, cinemas. As cidades são cristais de múltiplas faces espaciais e temporais, cristais de variadas luzes, entre elas as da memória, que, com sua temporalidade sempre em movimento, reencontra os lugares do ontem com os sentimentos do presente.

Pedro Nava e Jorge Luís Borges, em viagem pelas alamedas das lembranças das cidades nas quais viveram, registram em seus textos uma poética viva do passado, transformada ora em ficção, ora em memória, ora em relação tencionada do lembrar com o esquecer. Suas narrativas contribuem para que leitores, de diferentes inserções sociais e nacionais, viajem em sua companhia por enredos passados, que lhes sendo estranhos se tornam familiares. São longos passeios, através das letras e dos locais preservados pela memória, e por ela reconstruídos, ora com toques de imaginação, ora com reverência à tradição, ora com paradoxal ressentimento em relação ao inexorável fluir do tempo.

Para Borges, as ruas de Buenos Aires, metaforicamente, são como entranhas. Suas próprias entranhas, seu mundo interior habitado por edificações, cheiros, calçadas, povo:

> As ruas de Buenos Aires já são minhas entranhas.
> Não as ávidas ruas,
> incômodas de turba e de agitação,
> mas as ruas entediadas do bairro,
> quase invisíveis de tão habituais
> [...]
> São para o solitário uma promessa
> porque milhões de almas singulares as povoam...
> (BORGES, 2001, v. 1, p. 15)

Já Nava desenvolve diferentes recursos literários para se referir às ruas das cidades de seu passado. Em primeiro lugar, mitificando-as como muito apraz à memória e à nostalgia:

> Ah! jamais (Belo Horizonte) sacudirá o jugo do velho crepúsculo da tarde morrendo varrida de ventos, da lembrança submarina dos fícus e dos moços que subiam e desciam a Rua da Bahia. Não a Rua da Bahia de hoje. A de ontem. A dos anos vinte. A de todos os tempos, a sem fim no espaço, a inconclusa nos amanhãs. Nela andarão sempre as sombras de Carlos Drummond de Andrade, de seus sequazes, cúmplices, amigos...
> (NAVA, 1974, p. 111)

Em segundo lugar, reencontrando-as como espaço de movimento, de vida, de lazer, de jogar tempo fora, de passear em direção a desconhecido futuro que, transformado em presente, o faz, como escritor, retornar ao passado, como se caminhasse por um mapa afetivo de lugares.

> Ruávamos quase o dia inteiro. Nossa vida era um ir e vir constante nas ruas de Belo Horizonte. E o mais estranho é que hoje elas se esvaíram completamente. Mesmo voltando, mesmo palmilhando os lugares essenciais de nossa mocidade é impossível captar as velhas ruas como elas eram, a não ser refazendo-as imaginariamente ou agarrando fragmentos fornecidos pelo sonho. (NAVA, 1974, p. 111)

As ruas são lugares vivos das cidades, são locais de tensões, são movimentos em busca de encontros. São também, como as cidades, simultaneamente, signos de tradições e signos de transformações. Desse paradoxo brota, muitas vezes, a inspiração de escritores que sacralizam o passado em contraposição à inevitável característica da urbe: a modernização, assim traduzida pelas palavras de Saul Yurkievich: "A modelatria é uma devoção cidadã. A vanguarda surge como signo da modernidade, originado pelos centros metropolitanos em seu processo modernizador..." (YURKIEVICH, 1995, v. 3, p. 93).

Nesse sentido, a literatura assume, inúmeras vezes, a função de lembrar e reforçar as tradições das cidades. Torna-se voz e eco de um tempo que aos poucos tende a se perder nas teias da modernidade e no culto do novo.

Pedro Nava e Jorge Luís Borges fazem da memória substrato de seus textos. Nava, de forma deliberada, na série de seis livros[1] que o consagraram como escritor em plena maturidade. Borges em escritos diversos, no vasto conjunto de sua obra, em cerca de sessenta anos de produção literária.

Os dois autores consagram às cidades parte substantiva de suas recordações, recorrendo, inúmeras vezes, à lembrança sobre o que se perdeu ao longo do fluir do tempo (nostalgia e esquecimento). Borges centra o eixo de suas lembranças em Buenos Aires, cidade de sua saudade e de sua vida por ele identificada como paraíso perdido.

> Nasci em outra cidade que também se chamava Buenos Aires
> [...]
> Recordo o que vi e o que me contaram meus pais.
> [...]
> Sei que os únicos paraísos não proibidos aos homens são os paraísos perdidos.
> Alguém quase idêntico a mim, alguém que não leu esta página, lamentará as torres de cimento e o talado obelisco. (BORGES, 2000, v. 3, p. 343)

Buenos Aires, renovada e perdida no tempo: "Do outro lado da porta, certo homem feito de solidão, de amor, de tempo, acaba de chorar em Buenos Aires, todas as coisas" (BORGES, 2000, v. 3, p. 347). E ainda: "Se penso em Buenos Aires, penso na Buenos Aires que conheci quando era criança: de casas térreas, de pátios, de vestíbulos, de poços com uma tartaruga, de janelas gradeadas, e antigamente essa Buenos Aires era toda Buenos Aires..." (BORGES, 2000, v. 3, p. 314).

Já Nava caminha por três diferentes cidades – Juiz de Fora, Belo Horizonte e Rio de Janeiro –, incorporando-as à sua narrativa como fases de sua

---

[1] *Baú de Ossos* (1972); *Balão Cativo* (1973); *Chão de Ferro* (1976); *Beira Mar* (1978); *Galo-das-Trevas* (1981) e *Círio Perfeito* (1983).

trajetória individual. A princípio, nos anos de sua infância, reveza-se entre as cidades de Juiz de Fora e do Rio de Janeiro, que são cenários sempre lembrados. Recordados, conservados na memória e perdidos no tempo. De Juiz de Fora, recorda-se de uma avenida que, sendo a mesma até os dias presentes, muito se transformou ao longo dos anos: "E nas duas direções apontadas por essa que é hoje a avenida Rio Branco hesitou minha vida!" (Nava, 1974, p. 19).

Em seguida, volta-se para anos passados em Belo Horizonte, cidade para a qual sua família se mudou. Belo Horizonte, que para ele simboliza toda Minas Gerais: "Do Belo Horizonte (não esse, mas o outro, que só vive na dimensão do tempo) É o bojo de Minas. De Minas toda de ferro pesando na cabeça, vergando os ombros e dobrando os joelhos dos seus filhos" (Nava, 1974, p. 19). Belo Horizonte, que alvorecia, ganhava contornos e personalidade. Cidade que traduz principalmente o calor de sua adolescência e juventude. Ficará em sua lembrança, estagnada no tempo, mas repleta das inexoráveis mudanças inerentes à modernidade:

> Eu conheci esse pedaço de Belo Horizonte, nele padeci, esperei, amei, tive dores de corno augustas, discuti e neguei. Conhecia todo mundo. Cada pedra das calçadas, cada tijolo das sarjetas, seus bueiros, os postes, as árvores. Distinguia seus odores e as cores de todas as horas. Ali vivi de meus dezessete aos meus vinte quatro anos. Vinte anos nos anos vinte. Vinte. Sete anos que valeram pelos que tinha vivido antes e que viveria depois. Hoje, aqueles sete anos, eles só existem na minha lembrança. Mas existem como sete ferretes e doendo sete vezes sete quarenta e nove vezes sete quarenta e três ferros pungindo em brasa. (Nava, 1976, p. 354)

## *Cenários urbanos: nostalgia do espaço*

O memorialista, para se identificar com o leitor, trabalha com duas categorias inerentes ao ato de recordar: espaço e tempo. A busca incessante do tempo passado relaciona-se à dos espaços das vivências coletivas e individuais. Reencontrar temporalidades é também reencontrar lugares e identidades.

> Na busca do espaço, reencontramos a ansiosa busca de identidades ameaçadas, já que lugares e objetos materiais aparecem como imutáveis, portanto como fatores de estabilidade capazes de referenciar pessoas, garantindo-lhes identidade. Em contrapartida, a mobilidade do espaço e das coisas nele situadas e a indeterminação dos lugares desorganizam referenciais. (D'Aléssio,1981, p. 272)

Como narrador, o memorialista reconstrói lugares perdidos pela inexorável transformação paisagística da urbe. Reconstrói, buscando nas réstias do passado imagens paradoxais, intactas nas suas lembranças, mas na realidade transfiguradas, transformadas em novos espaços, que representarão para as novas gerações outras imagens, que se tornarão suportes de novas memórias (memória em movimento).

> É preciso corrigir os homens sem imaginação. Isto aqui, este espaço todo é a Fundação Getúlio Vargas. Não senhor! Aqui era a casa do Barão de Itambi, quando vizinho do Doutor Torres Homem e mais adiante a já derrubada casa onde Bidu Saião aprendeu a cantar. (NAVA, 1981, p. 7)

Diante da fragmentação da vida, os espaços e lugares são fundamentais para a construção e a solidificação de identidades. Segundo Rodrigues (1994), a identidade tem fronteiras e espaços delimitados, como os das cidades. São as cidades que alimentam o imaginário sobre elas mesmas e que, através de suas edificações, praças, ruas, cafés, bairros e alamedas, definem para as pessoas referências e sentimentos fundamentais de sua vida.

Assim, para Borges, lembrar de um lugar desaparecido do cenário urbano mais do que reativar a memória é reviver experiências passadas, que o identificam com Buenos Aires. É também desencadear sentimentos nostálgicos gerados pela ausência do que, outrora, integrava, como lugar de vivências, a paisagem da cidade.

> Tudo começou antes da ditadura. Eu estava empregado em uma biblioteca do bairro Almagro. Morava na esquina de Lãs Heras com Pueyrrendón, tinha de percorrer, em lentos e solitários bondes, o longo trecho entre este bairro do Norte e Almagro Sur, até uma biblioteca situada na avenida La Plata com Carlos Calvo. O acaso (com a ressalva de que não existe o acaso, de que a isso que chamamos acaso é a nossa ignorância acerca da complexa maquinaria da causalidade) fez-me encontrar três pequenos volumes na Livraria Mitchell, hoje desaparecida, que tantas lembranças me traz. (BORGES, 2000, v. 3, p. 227)

Nava também se reporta aos espaços das cidades perdidos no tempo, apagados do cenário urbano pelo furor incontrolável da modernização. Espaços que eram lugares por serem plenos de significados e vivências. Por terem se tornado familiares e até íntimos. Intimidade com a rua, com o ambiente, com os horários de frequência, com as pessoas que lhes davam vida.[2]

---

[2] De acordo com Tuan (1983), quando o espaço se torna familiar, transforma-se em lugar, que incorpora significados.

Para Andrade (2004), a região do Bar do Ponto é a parte de Belo Horizonte que ocupa maior espaço nas memórias de Pedro Nava, tanto porque ali era o centro da vida da cidade, como também por se incluir nos lugares que frequentou regularmente.

Lugares centrais em sua vida, núcleos de lembranças e de relações afetivas. Ao se referir ao Bar do Ponto em Belo Horizonte – Minas Gerais, Nava o transforma não só no centro de sua vida, como também no centro do mundo, em uma construção que reencontra a paisagem urbana do passado e as vivências coletivas de um segmento da população citadina: os estudantes e os intelectuais.

> Escrevi à Tia Alice carta que releio comovido, para avivar minhas lembranças dessa fase. Nela dizia: "Agora estamos a três quarteirões do Bar do Ponto, que é o centro!" Eu me referia ao centro da cidade, mas logo veria que aquilo era o centro de Minas, do Brasil, do Mundo, mundo vasto mundo. (NAVA, 1976, p. 103)

Também sobre as transformações por que passam as cidades e que estimulam o afloramento de doídas lembranças, Nava assim se refere ao Rio de Janeiro:

> À medida que as obras do metrô e a insensibilidade dos pro-cônsules nossos governantes vão demolindo de preferência o que há de sentimental, histórico e humano no Rio de Janeiro, multiplico meus passeios pelas ruas malferidas – como quem se despede. Assim acompanhei, qual agonia de amigo a depre-dação da Lapa. (NAVA, 1981, p. 9)

Demolição e rememoração, palavras plenas de significado dicotômico: lembrar para impedir o esquecimento provocado pela erosão do tempo e pela ação dos homens nas cidades. Cidades que, como a Buenos Aires de Borges, "[...] correm o risco [...] de ter seu passado apagado, ou, ao menos, encoberto pelas novas construções, que acumulando tempo, predeterminam a paisagem e dissolvem a memória" (PINTO, 1998, p. 115).

## *Memórias: lastro das mudanças*

As cidades são memórias acumuladas. São memórias perdidas. São memórias silenciadas. Para Borges,

> Somos nossa memória,
> somos esse quimérico museu de formas inconstantes,
> essa pilha de espelhos rotos. (BORGES, 2000, v. 2, p. 383)

Muitas vezes, as cidades se transformam em espelhos distorcidos do passado, já que o tempo não permite a reprodução intacta das imagens perdidas. As memórias são lastros das mudanças, apesar de quererem ser esteios da preservação. Lembramos do que já passou, do que se perdeu na orgia da temporalidade, adquiriu novas formas e até novos significados. Na verdade

> [...]
> a recordação é ultrapassagem das fronteiras do próprio eu
> [...]
> como intrincada rede, como malha cerrada a memória oculta prenúncios
> [...]
> é dignidade da desobediência ao presente imposto. (Delgado, 1999, p. 67-70)

As cidades nas quais vivemos são essências do presente imposto. As cidades das quais nos lembramos são alimento das recordações, suporte de um passado perdido. Buscamos, muitas vezes, "destecer o tempo" (Borges, 2000, v. 3, p. 341) ao transformar as cidades de nossa imaginação em relíquias. Buscamos ressignificar a vida presente, reencontrar lugares e pessoas, como o faz Borges no poema Yesterdays:

> Da estirpe de pastores protestantes
> e de soldados sul-americanos
> que opuseram ao godo e as lanças
> do deserto seu pó incalculável
> sou e não sou. Minha verdadeira estirpe
> é a voz, que ainda ouço, de meu pai,
> comemorando música de Swinburne,
> e os grandes volumes que folheei,
> folheei e não li, e que me bastam.
> Sou o que me contaram os filósofos.
> O acaso e ou o destino, esses dois nomes
> de algo secreto que ignoramos,
> prodigaram-me de pátrias: Buenos Aires,
> Nara, onde passei uma única noite,
> Genebra, as duas Córdobas, a Islândia... (Borges, 2000, v. 3, p. 350)

Transformar as cidades em pátrias, em centros das experiências de vida é buscar raízes nos espaços urbanos. Nesse sentido, a mudança é tomada como perda. Inevitável perda, pois inerente ao processo de transformação de muitas cidades em metrópoles. Cidades que se agigantam, fragmentam-se e que, nesse processo, transformam suas áreas centrais, outrora referenciais mais importantes da urbe, em espaços inúmeras vezes degradados. Cidades que, segundo Mumford (1991), crescem pelas franjas aumentando sua periferia, refletindo distorções sociais, poluindo suas paisagens com edificações de estilos ecléticos e com construções precárias.

Diante de um presente marcado pelo fracionamento do tempo e pela segregação espacial (que muitas vezes já existia no passado real, mas não no idealizado), os escritores fazem de suas memórias exorcismo do presente e valorização do que passou. Enxergam nas cidades dos bons tempos (o passado) singularidades, signos e representações, cujos significados são individuais, mas se tornam, pela socialização de seus escritos e pelos sentimentos de identificação por eles estabelecidos, significados coletivos.

As memórias, lastros das mudanças, são, paradoxalmente, desejo de retenção do passado. "Por isso o memorialista transpõe para o espaço a batalha contra as forças corrosivas do tempo. Se a restauração do espaço vivido não é possível no plano físico, ele procura empreendê-la na escrita, na escrita restauradora do passado" (BUENO, 1997, p. 46).

Em Nava a saudade, que idealiza o passado, é marcante. Nesse sentido, "quando Nava compara a Belo Horizonte dos anos 20 com a atual, a primeira é sempre melhor" (ANDRADE, 2004, p. 151).

A relação escrita/nostalgia/restauração do passado fica evidente no seguinte texto do memorialista:

> Manhã quando decidia ir à Santa Casa por Ceará, só esse propósito já era bastante para criação de resultantes físicas da angústia antecipada do que ele (Egon)[3] ia passar. É que tinha de despir seu presente, anular sua experiência e reassumir estado de espírito infantil – porque os dois quarteirões desta rua (de Padre Rolim à Praça Quinze) tinham sido descobertos nos seus onze, doze anos – numa manhã de escapula cidade afora. Isto lhe era devolvido pela recriação do tempo passado (NAVA, 1976, p. 111).

Em Borges saudade e nostalgia são quase um lamento:

> [...]
> É pó também essa palavra escrita/por tua mão, ou o verbo pronunciado
> Por tua boca. Não há lástima no Fado
> E a noite de Deus é infinita.
> Tua matéria é o tempo, o incessante
> Tempo. Tu és todo solitário instante. (BORGES, 2000, v. 3, p. 356)

---

[3] Egon (autopersonagem de Nava).

A seguinte constatação de Luciana Andrade ao se referir aos escritores modernistas da Belo Horizonte, da década de 1920, é paradigmática, no que se refere à representação idealizada do passado perdido:

> Os modernistas de Belo Horizonte não eram entusiastas da modernidade, às vezes com certa desconfiança, às vezes orientados por certos valores retrógrados e tradicionalistas, às vezes expressando os dilemas próprios da vida moderna[...]
>
> A nostalgia de um mundo que se perdeu para sempre [...] volta a se manifestar nas memórias da Belo Horizonte do começo do século XX, contribuindo para a criação do mito de uma cidade amorável e humana, como eles mesmos a reinterpretam. (ANDRADE, 2004, p. 189)

Reinterpretam e atualizam os lastros de suas identidades.

Nesse sentido, as interseções entre cidades, tempo, memória, literatura fazem do diálogo do presente com o passado recurso de retenção e esteio de identidades.

# Documentação oral: entrevistas

- Programa de História Oral da FAFICH-UFMG

    Depoimentos prestados a Lucilia da Almeida Neves Delgado:
    Anélio Marques
    Armando Ziller
    Dimas Perrin
    Evaristo Garcia
    Clodesmidt Riani
    Sinval Bambirra

    Depoimento prestado a Michel Marie Le Ven:
    José Gomes Pimenta (Dazinho)

- Centro de pesquisa histórica – PUC Minas

    Dom Aloísio Lorscheider – a Sandra Tosta e a Leonardo Lucas Pereira
    Beatrix Gonçalves – a Lucilia da Almeida Neves Delgado
    Frei Cláudio Van Balen – a Lucilia da Almeida Neves Delgado
    Eliseu Lopes – ex-frei dominicano – a Mauro Passos e a Lucilia da Almeida Neves Delgado
    Gilse Consenza – a Amauri Ferreira e a Yone Grossi
    Dom João Resende Costa – a Lucilia da Almeida Neves Delgado e a Mauro Passos
    Dom José Maria Pires – a Mauro Passos e a Leonardo Lucas Pereira
    Michel Marie Le Ven – a Parícia Corrêa Pereira
    Padre Vicente Coelho de Albuquerque – a Lucilia da Almeida Neves Delgado

# Referências

ALBERTI, Verena. *História oral: a experiência do CPDOC*. Rio de Janeiro: Fundação Getúlio Vargas, 1990.

ALBERTI, Verena. *Manual de história oral*. Rio de Janeiro: Editora FGV, 2004.

ALBERTI, Verena. *Ouvir contar textos em história oral*. Rio de Janeiro: FGV, 2004.

ANDRADE, Luciana Teixeira. *A Belo Horizonte dos modernistas: representações ambivalentes da cidade moderna*. Belo Horizonte: PUC Minas Editora/C/Arte editora, 2004.

ANTONIAZZI, Alberto; NEVES, Lucilia de Almeida; PASSOS, Mauro (Org). *As veredas de João na barca de Pedro*. Belo Horizonte: PUC Minas Editora, 2002.

AZZI, Riolando. A Igreja no Brasil na defesa dos direitos humanos. *Revista Eclesiástica Brasileira* (145). Petrópolis: Vozes, 1977.

AS ENCÍCLÍCAS Sociais de João XXIII. *Mater et Magistra – comentários atualizados com Pacem in Terris*. 2. ed. Rio de Janeiro: José Olympio, 1963, 2v.

ARAÚJO, Ricardo Benzaquen. História e narrativa. In: MATTOS, Ilmar Rohloff (Org). *Ler e escrever para contar – Documentação, historiografia e formação do historiador*. Rio de Janeiro: Access Editora, 1998.

BENJAMIN, Walter. *Obras escolhidas – Magia e técnica. Arte e política*. São Paulo: Brasiliense, 1994.

BERGSON, Henri. Matière et mémoire. *Deuvres*. Paris:PUF, 1959.

BLOCH, Marc. *Apologia da História ou o ofício do historiador*. Rio de Janeiro: Jorge Zahar, 2001.

BLOCH, Marc. *Introducción a la Historia*. México/Buenos Aires: Fondo de Cultura Económica, 1957.

BORGES, Jorge Luis. A Divina Comédia. In: BORGES, Jorge Luis. *Obras completas*. São Paulo: Globo, 2000.

BORGES, Jorge Luis. Fervor de Buenos Aires. In: BORGES, Jorge Luis. *Obras completas*. São Paulo: Globo, 2001.

BORGES, Jorge Luis. Elogio da sombra. In: BORGES, Jorge Luis. *Obras completas*. São Paulo: Globo, 2001.

BORGES, Jorge Luis. A cifra. In: BORGES, Jorge Luis. *Obras completas*. São Paulo: Globo, 2000.

BORGES, Jorge Luis. A cegueira. In: BORGES, Jorge Luis. *Obras completas*. São Paulo: Globo, 2000.

BORGES, Jorge Luis. *Siete noches*. México: Fondo de Cultura Económina, 1995.

BRAGA, Núbia (Coord). *Manual de história oral*. Belo Horizonte: UNIBH, 2000. (Projeto Vila Viva – Cidadania e Memória da Pedreira Prado Lopes).

BOBBIO, Noberto. *O tempo da memória*. Rio de Janeiro: Campus, 1997.

BOLLE, Willi. *Fisiognomia da metrópole moderna*. São Paulo: Fapesp/Edusp, 2000.

BOSI, Ecléa. *O tempo vivo da memória. Ensaios de Psicologia Social*. São Paulo: Ateliê Editorial, 2003.

BOSI, Ecléa. *Memória e sociedade. Lembranças de velhos*. São Paulo: T.A. Queiroz, 1979.

BOSI, Alfredo. O tempo e os tempos. In: NOVAES, Adauto (Org.). *Tempo e História*. São Paulo: Companhia das Letras. 1992

BOTAS, Paulo C. Loureiro. *A bênção de abril-Brasil, urgente: memória e engajamento católico* (1963-1964). Petrópolis: Vozes, 1983.

BRANDÃO, Jacyntho Lins. *A justa memória – Paul Ricouer explora as relações entre memória, história e esquecimento*. Jornal de Resenhas. São Paulo: Folha de S. Paulo, 2001.

BUENO, Antônio Sérgio. *Vísceras da memória: uma leitura da obra de Pedro Nava*. Belo Horizonte: UFMG, 1997.

CATROGA, Fernando. *Memória, História e historiografia*. Coimbra: Quarteto Editora, 2001.

CANDAU, Joël. *Anthropologie de la mémoire*. Paris: PUF, 1996.

CASTELLS, Manuel. *A era da informação: economia, sociedade e cultura. O poder da identidade*. 3. ed. v. 2. São Paulo: Paz e Terra, 1999.

CHAUÍ, Marilena. *Convite à Filosofia*. São Paulo: Ática, 1995.

CHAUVEAU, Agnes; TÉTARD, Philippe (Org.). *Questões para a história do tempo presente*. São Paulo: EDUSC, 2002.

CHESNEAUX, Jean. *Devemos fazer tábula rasa do passado? Sobre a História e os historiadores*. São Paulo: Ática, 1995.

COMISSÃO CENTRAL DA CNBB. *Documento da Primeira Assembléia Geral da CNBB*. SEDOC, 3. 1970, 1971.

COMISSÃO CENTRAL DA CNBB À NAÇÃO BRASILEIRA. *Encíclicas Sociais de João XXIII. Mater et Magistra – comentários atualizados com a Pacem in Terris*. Rio de Janeiro: José Olympio, 1963. 2 vol.

CONNERTON, Paul. *Como as sociedades recordam*. Oeiras: Celta, 1993.

COSTA, Cléria Botelho; MAGALHÃES, Nancy Aléssio. *Contar história, fazer História*. Brasília: Paralelo 15, 2001.

D'ALÉSSIO, Márcia Mansor. Intervenções da memória na historiografia: identidades, subjetividades, fragmentos, poderes. *Projeto História (17)*. São Paulo, EDUC, 1998.

DELGADO, Lucilia de Almeida Neves. Memória, tempos vivos e História na narrativa de Clodesmidt Riani. In: PAULA, Hilda R.; CAMPOS, Nilo Araújo. *Clodesmidt Riani: trajetória*. Juiz de Fora: Editora UFJF, 2005.

DELGADO, Lucilia de Almeida Neves. 1989. *PTB: do getulismo ao reformismo (1945-1964)*. São Paulo: Marco Zero, 1989.

DETIÈNNE, Marcel. *Os mestres da verdade*. Rio de Janeiro: Jorge Zahar, 1988.

DIEHL, Astor Antônio. *Cultura historiográfica: memória, identidade e representação*. Bauru: EDUSC, 2002.

ECO, Humberto. *A misteriosa chama da rainha Loana*. Rio de Janeiro: Record, 2005.

ELIAS, Nobert. *Sobre o tempo*. Rio de Janeiro: Jorge Zahar, 1998.

FERREIRA, Marieta Morais. História do tempo presente: desafios. *Cultura Vozes* (94). Petrópolis: Vozes, 2000.

FERREIRA, Marieta; AMADO, Janaína. *Usos e abusos da História*. 5. ed. Rio Janeiro: FGV, 2002.

GAGNEBIN, Jeanne Marie. *Sete(FAPI) aulas sobre linguagem, memória e História*. Rio de Janeiro: Imago, 1997.

GALEANO, Eduardo. *O livro dos abraços*. Porto Alegre: LPM, 1991.

GANDON, Tânia Risério D'almeida. Entre a memória e a História: tempos múltiplos de um discurso a muitas vozes. *Projeto História (22)*. São Paulo: EDUC, 2001.

GIDDENS, Anthony. *Modernidade e identidade*. Rio de Janeiro: Jorge Zahar, 2002.

GOMES, Ângela de Castro (Coord.). *Velhos militantes: depoimentos*. Rio de Janeiro: Jorge Zahar, 1998.

GROSSI, Yonne; FERREIRA, Amauri. Razão narrativa: significado e memória. *História Oral*. (4) São Paulo: ABHO, 2001.

GUARINELLO, Norberto Luiz. Memória coletiva e história científica. *Revista Brasileira de História*. (28) São Paulo, ANPUH, 1994.

GUIMARÃES, Flávio Romero. Um novo olhar sobre o objeto de pesquisa em face da abordagem interdisciplinar. In: FERNANDES, Aliana. *O fio que une as pedras*. São Paulo: Biruta, 2002.

HALBWACHS, Maurice. *A memória coletiva*. Rio de Janeiro: Vértice, 1990.

HOBSBAWN, Eric; RANGER, Terence. *A invenção das tradições*. Rio de Janeiro: Paz e Terra, 1997.

HOBSBAWN, Eric. O presente como História. In: *Sobre História*. São Paulo: Companhia das Letras, 1998.

HUYSSEN, Andréas. *Memórias do modernismo*. Rio de Janeiro: Editora UFRJ, 1997.

JANOTTI, Maria de Lourdes; ROSA, Zita de Paula. História oral: uma utopia? *Revista Brasileira de História*. (25-26). São Paulo: ANPUH, 1993.

JANOTTI, Maria de Lourdes. O imaginário sobre Getúlio Vargas. *História Oral*.(1) São Paulo: ABHO, 1998.

JOÃO XXIII. *Carta Encíclica Mater et Magistra*. Petrópolis: Vozes, 1961.

JONG, Erica. *Memória inventada. Um romance de mães e filhas*. Rio de Janeiro: Record, 1999.

KHOURY, Yara Aun. Muitas histórias, outras memórias: cultura e o sujeito na história. In: FENELON, Déa. *Muitas memórias, outras histórias*. São Paulo: Olho D'Água, 2000.

LE GOFF, Jacques. 1990. *História e memória*. Campinas: UNICAMP, 1999.

LE VEN, Michel. *Dazinho – um cristão nas minas*. Belo Horizonte: CDI, 1998.

LOYOLA, Maria Andréa. *Os sindicatos e o PTB: um estudo de caso em Minas Gerais*. Petrópolis: Vozes/CEBRAP, 1980.

LOWENTHAL, David. Como conhecemos o passado. *Projeto História*.(17) São Paulo: EDUC, 1998.

MAIA, Andréa Casanova; MENEZES, Willian Augusto. *APUBH: 20 anos. História oral do movimento docente da UFMG*. Belo Horizonte: APUBH, 1998.

MAIA, Andréa Casanova; ARRUDA, Rogério. *Nos trilhos do tempo. Memória da ferrovia em Pedro Leopoldo*. Belo Horizonte: Maza Edições, 2003.

MATTA, Sérgio Ricardo. *A fortaleza do catolicismo. Identidades católicas e política na Belo Horizonte dos anos 60*. Dissertação (Mestrado em História), UFMG: Belo Horizonte, 1986.

MATTOS, Ilmar Rohloff (Org.). *Ler e escrever para contar – Documentação, historiografia e formação do historiador*. Rio de Janeiro: Access Editora, 1998.

MEIHY, José Carlos Sebe Bom. *Manual de história oral*. São Paulo: Loyola. 5. ed. 2005.

MENEZES, Ulpiano T. Bezerra. A exposição musicológica e o conhecimento histórico. In: FIGUEIREDO, Betânia Gonçalves; VIDAL, Diana Gonçalves.

*Museus dos gabinetes de curiosidades à museologia moderna.* Belo Horizonte: Argumentum, 2005.

MUNFORD, Lewis. *A cidade na História: suas origens, transformações e perspectivas.* São Paulo: Martins Fontes, 1991.

MONTEIRO, Norma de Góis (Coord.). *Dicionário Biográfico de Minas Gerais.* Belo Horizonte: Assembléia Legislativa do Estado de Minas Gerais, 1994.

MONTENEGRO, Antônio. *História oral e memória. A cultura popular revisitada.* São Paulo: Contexto, 1992.

MONTENEGRO, Antônio; FERNANDES, Tânia (Org.). *História oral. Um espaço plural.* Recife: Universitária/UFPE, 2001.

NAVA, Pedro. *Baú de ossos.* Rio de Janeiro: José Olympio, 1974.

NAVA, Pedro. *Balão cativo.* Rio de Janeiro: José Olympio, 1974.

NAVA, Pedro. *Chão de ferro.* Rio de Janeiro: José Olympio, 1976.

NAVA, Pedro. *Beira mar.* Rio de Janeiro: Nova Fronteira, 1985.

NAVA, Pedro. *Galo-das-trevas: as doze velas imperfeitas.* Rio de Janeiro: José Olympio, 1981.

NEVES, Lucilia de Almeida. *Jardim do tempo.* Belo Horizonte: Del Rey, 1999.

NEVES, Lucilia de Almeida. Memória e história: substratos da identidade. *História Oral.*(4) São Paulo: ABHO, 2001.

NEVES, Lucilia de Almeida. A voz dos militantes: o ideal de solidariedade como fundamento da identidade comunista. In: *INTERNATIONAL ORAL HISTORY CONFERENCE* 10, 1998, Rio de Janeiro. *Proceedings.* Rio de Janeiro: CPDOC, FIOCRUZ. v. 3

NEVES, Lucilia de Almeida. Nacionalismo: substrato da marca de um tempo. In: *VI SEMINÁRIO SOBRE ECONOMIA MINEIRA.* Belo Horizonte/Diamantina: UFMG/CEDEPLAR, 1995.

NEVES, Margarida de Souza. História e memória: os jogos da memória. In: MATTOS, Ilmar Rohloff (Org). *Ler e escrever para contar – Documentação, historiografia e formação do historiador.* Rio de Janeiro: Access Editora, 1998.

NORA, Pierre. Entre a memória e a história: a problemática dos lugares. *Projeto História.* (10). São Paulo: EDUC, 1993.

NORA, Pierre. *Lês lieux de memórie.* I la Pepublique. Paris: Gallimard, 1994.

OTERO, Loiva Félix. *História e memória: a problemática da pesquisa.* Passo Fundo: EDIPUF, 1998.

PANDOLFI, Dulci. *Camaradas e companheiros – História e memória do PCB.* Rio de Janeiro: Relume Dumará, 1995.

PAOLI, Maria Célia; ALMEIDA, Marco Antônio. Memória, cidadania e cultura popular. *Revista do Patrimônio Histórico e Artístico Nacional.* (24) Brasília: IPHAN, 1996.

PEREIRA, Ligia Maria Leite. Relatos orais em Ciências Sociais: limites e potencial. *Análise e Conjuntura* (3). Belo Horizonte: Fundação João Pinheiro, 1991.

PEREIRA. Ligia Maria Leite. Considerações sobre a vida cotidiana e política na perspectiva da elite mineira. In: MONTENEGRO, Antônio; FERNANDES, Tânia. *História oral um espaço plural.* Recife: Universitária: UFPE, 2001.

PINTO, Pimentel Júlio. *Uma memória do mundo: ficção, memória e história em Jorge Luís Borges.* São Paulo: Estação Liberdade, 1998.

PORTELLI, Alessandro. Tentando aprender um pouquinho. Algumas reflexões sobre ética na história oral. *Projeto História* (15). São Paulo: EDUC, 1997.

POULET, G. *O espaço proustiano.* Rio de Janeiro: Imago, 1992.

QUEIROZ, Maria Isaura. Variações sobre a técnica do gravador na informação viva. *Textos CERU* (4). São Paulo: CERU, 1991.

REIS, Daniel; MORAES, Pedro. *68 a paixão de uma utopia.* Rio de Janeiro: Espaço e Tempo, 1988.

REIS, José Carlos. *Tempo, História e evasão.* Campinas: Papirus, 1994.

RICOEUR, Paul. *La lectura del tiempo pasado: memoria e olvido.* Madrid: Universidad Autonoma de Madrid, 1998.

RICOEUR, Paul. *Tempo e narrativa.* Tomo III. Campinas: Papirus, 1997.

RODRIGUES, Adriana Pérsico. Identidades nacionales argentinas, 1910 y 1920. In: ANTEL, Raul (Org). *Identidade e representação.* Florianópolis: UFSC, 1994.

SANTO, Agostinho. *Confessions.* Paris: Pierre Horay. (Coll Points), 1982.

SANTOS, Joaquim Ferreira. *Feliz 1958 – o ano que não deveria terminar.* Rio de Janeiro: Record, 1998.

SANTOS, Boaventura. *A crítica à razão indolente.* Contra o desperdício da experiência. São Paulo: Cortez, 2001.

SANTOS, Boaventura. *Pela mão de Alice. O social e o político na pós modernidade.* Lisboa: Afrontamentos, 1994.

SARLO, Beatriz. *Tempo presente. Notas sobre a mudança de uma cultura.* Rio de Janeiro: José Olympio Editora, 2005.

SCHWARTZ, Lílian Moriz. Falando do tempo. *Sexta Feira* (5) São Paulo: Hedra, 2000.

SIMSON, Olga de Moraes Von. O papel da instituições: memória na sociedade. In: *Do oral ao escrito: 500 anos de História do Brasil. Anais do II Encontro de História Oral do Nordeste.* Salvador: Editora da UNEB, 2000.

SONOWSKI, Sául. Contra os consumidores do esquecimento In: SONOWISKI, Sául; SCHWARTZ, Jorge. *Brasil: o trânsito da memória.* São Paulo: EDUSP, 1994.

THOMPSON, Paul. *A voz do passado – História oral.* Rio de Janeiro: Paz e Terra, 1992.

TODOROV, Tzvetan. *O homem desenraizado.* Rio de Janeiro: Record, 1999.

TODOROV, Tzvetan. *Les abus de la mémoire.* Paris: Arléa, 1995.

VALÉRY, Paul. Del'historie. *Regardas sur lê monde actuel. Ouveres II.* Paris: Bibliothèque de la Plêiade, 1960.

TUAN, Yi-Fu. *Espaço e lugar: a perspectiva da experiência.* Rio de Janeiro: Difel, 1983.

VILANOVA, Mercedes. El combate em Espana, por uma historia sin adjetivos com fuentes orales. *Historia e Fuente Oral (14).* Barcelona: 1995.

WANDERLEY, Luiz Eduardo W. *Educar para transformar: educação popular, Igreja católica e política no movimento de educação de Base.* Petrópolis: Vozes, 1984.

YURKIEVICH, Saul. Los signos vanguardistas: el registro de la modernidad. In: PIZARRO, Ana (Org.). *América Latina: palavra, literatura, cultura de vanguarda e modernidade.* Campinas: Memorial – UNICAMP, V.3, 1995.

VOLKOGONOV, Dimitri. *Stalin – triunfo e trajédia 1879-1939.* Rio de Janeiro: Editora Nova Fronteira, 2004. vol 1.

Qualquer livro do nosso catálogo não encontrado nas livrarias pode ser pedido por carta, fax, telefone ou pela Internet.

✉ Rua Aimorés, 981, 8º andar – Funcionários
Belo Horizonte-MG – CEP 30140-071

📱 Tel: (31) 3222 6819
Fax: (31) 3224 6087
Televendas (gratuito): 0800 2831322

@ vendas@autenticaeditora.com.br
www.autenticaeditora.com.br

---

Este livro foi composto com tipografia Palatino e impresso em papel Off set 75 g na Gráfica 101.

---